播音与主持艺术专业『十四五』规划教材

语言表达基础

[第二版]

主编◎李凌 曾致 林谦

YUYAN BIAODA JICHU

[DI-ER BAN]

播音与主持艺术专业训练教材

中国传媒大学出版社·北京

图书在版编目(CIP)数据

语言表达基础 / 李凌，曾致，林谦主编. -- 2 版. --北京：中国传媒大学出版社，2024.1
播音与主持艺术专业"十四五"规划教材　21 世纪播音与主持艺术专业实用教材
ISBN 978-7-5657-3474-8

Ⅰ. ①语…　Ⅱ. ①李…　②曾…　③林…　Ⅲ. ①播音—语言表达—高等职业教育—教材
Ⅳ. ①G222.2

中国国家版本馆 CIP 数据核字(2023)第 174561 号

语言表达基础(第二版)
YUYAN BIAODA JICHU(DI-ER BAN)

主　　编　李　凌　曾　致　林　谦
策划编辑　张　笛
责任编辑　张　笛　赵　欣
责任印制　阳金洲
封面设计　拓美设计

出版发行　中国传媒大学出版社
社　　址　北京市朝阳区定福庄东街 1 号　　邮　　编　100024
电　　话　86-10-65450528　65450532　　传　　真　65779405
网　　址　http://cucp.cuc.edu.cn
经　　销　全国新华书店

印　　刷　三河市东方印刷有限公司
开　　本　787mm×1092mm　1/16
印　　张　13.5
字　　数　300 千字
版　　次　2024 年 1 月第 2 版
印　　次　2024 年 1 月第 1 次印刷

书　　号　ISBN 978-7-5657-3474-8/G · 3474　　定　　价　49.80 元

第二版修订说明

“语言表达基础”是播音主持专业的核心课程，是播音主持工作岗位语言表达力不可或缺的理论支撑。根据广播电视与新媒体应用型人才的需求，本书主要从以下几方面进行了修订。

第一，从播音主持工作岗位能力要求出发，本书精简了理论叙述，把握理论够用，突出应用性与实践性原则，将模块化学习、工作任务、学习考核合理序化；设计了问题解析、岗位工作任务、岗位工作考核标准及相应的实践内容，使学习与实践环环相扣，能有效检验应用成果，比较适合1:3教学课时安排。

第二，按照播音主持工作的属性与范畴，本书精选了新闻、散文、诗歌、童话、寓言、台词等作品，根据不同作品的特点配以学习模块，不仅能拓宽读者的视野与训练语境，也能使读者在实践中获得很好的体验。同时，有目的地安排了“课前热身”，目的是将“有稿表达”与“无稿表达”融入学习与实践，体现两者不可分割的重要性。

需要强调的是：作品虽配置于各模块的单项理论学习中，但播音主持工作及任何一篇作品的表达，都离不开语言表达理论的综合运用。只有将综合理论运用到位，才能将自己对作品的理解与有声语言表达技巧完美结合，从而达到“有稿表达锦上添花，无稿播音出口成章”的境界。

第三，强调易学易练，可“播”性强，本书删除了部分篇幅较长的例稿，替之短小精悍的例稿；安排的例稿量既适合“播”，也适合“编”，使学习者可动嘴动手相结合。

第四，强调作品来源的导向性、权威性，同时兼顾作品的民族性、文化性等特点。

第五，强调框架内容的统一性、完整性，以适应高校播音主持教学计划。

第六，作者团队以“双师型”教师为主，吸收经验丰富的从业人员参编，使教材的实践性更强、应用范围更广。

第一版的教学实践与反馈证明本书对培养“以播为主，兼能采编”（或培养 “采、编、播”）的播音主持人才是有效的。

我们希望使用本书的读者能提出宝贵意见，使之更加完善，更具系统性、科学性、有效性。

李　凌

2024.1

第一版前言

本套教材是一套实用性很强的应用型专业教材，有《播音主持语音与发声基础》《语言表达基础》《新闻播音》《节目主持》四册，是播音与主持艺术专业核心课程教材，突出了播音员主持人核心能力及综合能力的培养，有以下几个鲜明特点：

第一，教材编写设计基于“以播音主持为主，一专多能”的目标培养定位，适合播音与主持艺术专业应用型教育教学使用。

第二，教材根据人才培养需要，在教学实践中引入播音主持工作岗位标准，建立相应的考核标准，创新实施“拟制片人制”（栏目式）教学组织模式，将“教学内容节目化、教学主体角色化、教学考核过程化、教学环境职场化”，使课程教学以业务能力为导向，目标明确、具体，具有可操作性。

第三，教材充分考虑了播音与主持艺术专业课程体系与课程目标的衔接性、渐进性、配套性以及长远使用的要求，使学生可以在高仿真的专业技术岗位环境中反复打磨，为培养较强的综合业务能力打下坚实的基础。

第四，教材根据学习者专业能力及知识认知规律构建教学模块、设计训练项目，让学习者在真实的职业活动场景内做训练任务，体现了以工作过程为导向，以项目、任务为驱动的教学目的。

第五，教材在编写体例上具有鲜明特色，精心设计了“课前热身”“学习目标”“案例导入”“理论基础”“课堂训练”“任务拓展”“问题思考”“评价方法”八个板块，既有理论支撑，又有实践训练，与市面上的同类教材相比，独树一帜。

第六，教材创新设计了“一课一考”的学习过程评价方式，考核标准涵盖工作岗位标准。包括理论测验、技能训练、作品评审、职业素质、工作纪律、团队协作等综合评价。

第七，教材创新设计了具有衔接性特点的“课前热身”板块，在课堂上为学生提供了训练思维与即兴表达能力的机会，为达到播音主持“有稿播音锦上添花，无稿主持出口成章”要求探索了一条新的学习路径。

这套教材编写定位于“实用”，难免挂一漏万，恳请读者批评指正。

主　编

2018.8.20

目 录

模块一 话筒前的准备

模块二 播音时的情感运用

模块三 情感表达技巧

模块四 无稿表达

模块五 综合训练

模块一　话筒前的准备

项目一　播音作品准备

任务1 理论概要

课前热身： 3月值得关注的日子有：3月3日，全国爱耳日；3月5日，学雷锋纪念日、中国青年志愿者服务日；3月8日，国际劳动妇女节；3月12日，中国植树节、孙中山逝世纪念日；3月14日，国际警察日；3月15日，国际消费者权益日；3月17日，国际航海日；3月18日，全国科技工作者日；3月21日，世界森林日、国际消除种族歧视日、世界睡眠日、世界儿歌日；3月22日，世界水日；3月23日，世界气象日；3月24日，世界防治结核病日。请选择其中一个节日向同学们做介绍。要求主题突出、条理清晰、语言规范、交流感强，时长1分30秒。

学习目标： 熟知播音创作的基本原则和方法，掌握播音语言的特点，掌握备稿的方法。

人类语言的产生是基于相互交流的需要，是人类思维发展的结果。

人类区别于一般动物的重要特征，就是人类善于制作和创作。

一、播音

张颂教授指出："播音主持，是广播电视传播中话筒前、镜头前进行的有声语言（包括副语言）创作。"

播音是一项语言艺术活动，是一种有声语言的创作，是把文字稿件变为有声语言的再创作，是党和人民加强联系的纽带。作为广播电台、电视台播出节目的重要环节，播音有着不可替代的作用。播音员应成为推广普通话的模范。

二、播音创作的基本原则

第一，从实际出发，播音员既受稿件的制约，以稿件为依据，又要能动表达，在传达内容、引发情感的基础上，努力符合稿件形式的要求，体现稿件内容的播音特色。

第二，坚持正确的创作方法，即深入理解→具体感受→形之于声→及于受众。

第三，坚持严肃认真的态度。播音，不是某个播音员个人的活动，而是严肃认真的传播工作，必须有严肃认真、一丝不苟、高度负责的态度。

三、播音语言的特点

播音语言区别于生活语言、戏剧语言、曲艺语言等，具有自己的特点。其特点既涵盖广播播音的“以声传情，声情并茂”，又涵盖电视播音的“声画和谐，神形兼备”。播音语言的特点可以概括为“三性”“三感”：

规范性　语音、词汇、语法、语流要符合普通话的要求，遵从普通话的规范。推广普通话，是广播电视的一项重要职责。播音语言应起表率作用。

庄重性　播音员在话筒前、镜头前进行播音创作的时候，必须保持端庄、郑重的气质和态度，摒弃俗言媚语、低级趣味。

鼓动性　这是所有传播语言共有的特点，它植根于语言的情感性和感染力。广播电视语言要鼓舞士气、成风化人、引人向上、催人奋进。

时代感　丰富多彩的时代，要求有丰富多彩的语言去反映。播音语言力求新鲜、活泼、舒展，表意则意明，传情则情切。

分寸感　内容的主次、感情的浓淡、态度的差异、语体风格的区分，等等，都需要把握分寸，避免“分寸不当”。

亲切感　内容上要适应“新鲜”“易懂”“可信”“情真”的受众期待心理，表达上要收放得体、张弛有度、控纵有节。

四、备稿

备稿是播音主持创作前的一项十分重要的准备工作。

言为心声，播音员播出的每一篇稿件、主持人主持的每一档节目，都应该有一定的传播目的。播音主持中的态度、情感、语言、技巧等，都是为传播目的服务的，播音员主持人必须认真备稿。

备稿的“稿”，可称创作文本，既指文稿，也指腹稿。

备稿包含两层意思：广义备稿和狭义备稿。

广义备稿，是指播音员主持人作为广播电视行业工作者，经过长期学习和积累，应该有较高的政治觉悟和理论水平、较丰富的生活体验和艺术修养，还应该有较广博的知识和熟练的语言表达技巧。

狭义备稿，是指播音前具体的准备过程，将在“任务2”中详述。

问题思考

1.简述播音创作的基本原则。

2.播音创作的正确方法是怎样的？

3.什么是备稿？为什么要备稿？

任务2 有稿播音准备

课前热身：详细讲述一则寓言故事。要求内容详细生动，结构完整，条理清楚，语言准确；准备5分钟后脱稿讲述。

学习目标：熟知并陈述有稿播音的含义与作用；掌握备稿的方法，把握传播目的，培养自觉备稿的意识；熟练运用备稿六步对播出稿件进行具体分析，写出分析笔记。

案例导入：学院迎新晚会本来由典娜主持，但她因突发状况不能到场，临时换成喻欣主持。喻欣仓促上场，大家认为她的主持感情不恰当，与迎新的欢乐气氛不协调。正是由于喻欣没有进行有稿播音的备稿，才出现理解表达不到位的情况。

那么，什么是有稿播音？备稿方法有哪些？播好一篇稿子、主持一档节目应该怎么走好第一步呢？

有稿播音是指播音员主持人以文字稿件为依据进行的有声语言的创作活动。

有稿播音不是简单地念字出声，而是在文字语言基础上的再创作。如果把达到播出水平的文字稿件看作一块“锦”，有声语言的创作就是“锦上添花”。

备稿六步：

第一步——划分层次。对稿件内容进行划分和归并，并概括各层次的大意。

第二步——概括主题。主题是中心思想，概括主题要切中题旨，言简意赅。

第三步——联系背景。背景包括三个层面：一是文本内容涉及的历史背景，二是写作背景，三是播音背景。要特别重视播音背景，播音背景特指两个方面：一是指“上情”，党的纲领、路线、方针、政策；二是指“下情”，国际国内形势，各个方面的现实情况及其变化。对“下情”，我们一定要心明眼亮，分清主流和支流，把握有声语言创作的针对性。

第四步——明确目的。播音目的，主要是指在德、智、体、美方面所要实现的社会意义和作用、所要达到的预期效果、所要遵从的方向。

我们总的传播目的是维护国家利益，捍卫文化安全，弘扬民族精神，传承先进文化。每一篇稿件、每一个话题都应在这个总的传播目的的统帅下进行，不可与之相悖。

第五步——找出重点。创作文本的各个部分、段落、小层次，不会同等重要。其中，最集中、最典型地表现主题的地方，最有力、最生动地体现目的的地方，最凝重、最浓重地抒发情感的地方，最直接、最深切地感染受众的地方，就是重点。

由层次、主题到背景、目的，好像是离创作文本远了，其实是理解和感受更深了。重点是目的落实的关键环节。

第六步——确定基调。基调是指播音主持有声语言表达中总的感情色彩和分量。有的昂扬有力，有的深沉坚定，有的豪情舒展，有的细腻清新，有的悲愤凝重，有的喜悦明快，有的热情赞扬，有的无情批判……

播音创作时，每一篇稿件、每一个话题，都应该严格按照以上六步进行备稿，一步一步认真写出分析笔记，养成良好的习惯。

课堂训练

例稿1.1

一碗炒面

①草地是红军二万五千里长征最难走的一段路程。那里，没有人迹，甚至连一只飞鸟的叫声也难得听见。在我们视力所及的地方，是灰色的云，灰色的草，还有腐草渗着积水的土地。每天我们的两只脚就在这又湿又滑的草地上艰难地行进着。这还不算什么，糟糕的是我们都空着肚子，粮食早就见不到了，连野菜干儿都吃光了。起先，军团首长杀了自己的马，分给大家吃，后来连马骨头、马皮都变成珍食美味了。但是，为了北上抗日，我们仍然以最大的耐力，忍受着每走一步带来的痛苦，坚持前进。

②那时我是党支部书记，又是排长。起先还强打精神，鼓励大家克服困难。可是，自己也渐渐支持不住了。有一天，我简直抬不起脚了。刚出发时，有两个同志扶着我走，后来我觉得他们的情况并不比我好，拖下去三个人都要垮，便用各种方法摆脱了他们。可是。我自己走了不远，头就胀得老大，眼睛冒金星，两条腿像软面条似的，摇摇晃晃，一下子栽倒在有水的草地里，昏迷过去。当我神智稍微清醒的时候，我想：我要完了，我不能同大家一起到达目的地了……

③迷迷糊糊过了很长时间，当我又一次睁开眼睛想看看这个世界时，忽然发现一个三十多岁，憔悴、疲惫都不亚于我的同志，站在我的面前，伤心地望着我。

④“怎么？病啦？”

⑤“不，”我苦笑着说，“两天……什么也没吃了，走不动……”我用尽所有力气想把声音放大一些，使他明白我的处境。

⑥“啊！是这样。”他连忙低下头来，揭开已经空了大半截的米袋，从里面倒出一碗黄灿灿的炒面来。那是多么好的炒面啊！我闻到那香喷喷的味道，恨不得一把抓到嘴里大嚼一番。可是，当我看见那已经差不多空了的袋子时，我的心一沉，便说：“你也要赶路，我怎能要你仅有的一点口粮呢？”

⑦他见我这样，流下泪来，并且用嗔怪的语气对我说："同志，你都到这个地步了，还想那么多干吗？我不能亲眼看着自己的同志活活饿死。"我也流泪了，这是感激的泪，一时不知说什么好。

⑧他又从小沟里弄来一碗清水，和炒面一起推给我，并且不住地叮咛："不要急，慢慢吃。"我吃了东西，渐渐有了力气，两腿也觉得有劲了。

⑨开始他怕我身体虚弱，还扶着我走了很长一段路。

⑩第二天，我顺利地赶上了部队，到了有人烟的地方。

⑪我很懊悔，由于当时过分激动和兴奋，竟然忘记了问他的名字。不过我知道他是红军战士，是千百万个红军战士中的一个。

训练提示：有稿播音的准备，在做到查明生字、生词，弄懂专业术语和典故之后，应该严格按照备稿六步，循序渐进。

1. 划分层次：

第一层　过草地时，因长期饥饿行军，我昏倒在草地上（①②）；

第二层　一位不知姓名的战友，用他仅有的一碗炒面救活了我（③—⑨）；

第三层　我顺利赶上部队（⑩⑪）。

2. 概括主题：通过讲述红军战士用仅有的一碗炒面救活"我"的事迹，歌颂了长征途中红军战士之间患难相助、舍己为人的阶级友情。

3. 联系背景：

上情：赞扬革命同志患难相助、舍己为人的无私的奉献精神。

下情：主流——互助友爱、助人为乐、无私奉献已成为当今社会的公德与风尚；

支流——也有少数人只知索取，不讲奉献，缺乏互助友爱、助人为乐的精神。

4. 明确目的：引导人们弘扬互助友爱、助人为乐、无私奉献的优良传统，做有理想、有道德、有文化、有纪律的"四有"新人。

5. 找出重点：②⑥⑦自然段。

6. 确定基调：深情赞颂、凝重、坚定。

任务拓展

1. 把《一碗炒面》设计成一档广播节目，写出节目策划。

2. 按照所写策划，完成广播音频节目《一碗炒面》的播音制作。

问题思考

1. 什么是有稿播音？

2. 备稿的方法有哪些？

3. 主持一档节目、播好一篇稿子，第一步应该怎么走？

评价方法

考核表

考核模块	考核内容	考核方式	考核点	分值
(一) 知识与技能目标	1. 准备稿件的方法。	理论测验	1. 备稿六步:层次、主题、背景、目的、重点、基调。	10
	2. 有稿表达:运用备稿六步方法写出分析笔记,并进行有稿表达播音(使用本次课堂训练稿件); 3. 即兴评述:详细复述一则寓言故事。	技能训练	2. 分析稿件准确,备稿六步齐全,顺序正确; 3. 重点段落表达到位,基调把握准确; 4. 故事表达内容完整,条理清楚; 5. 语音正确,表达准确、生动。	20
	4. 将课堂训练例稿《一碗炒面》录制成一档广播音频节目。	作品评审	6. 层次合理、重点段落处理恰当; 7. 基调把握准确; 8. 音频节目完整; 9. 节目配乐恰当。	50
(二) 过程与方法目标	合作完成节目成品的过程表现。		1. 能够获取、搜集、整理信息,甄选有价值的信息; 2. 能够制订、实施工作计划; 3. 能够分析、发现、解决问题; 4. 具有理论知识的运用能力; 5. 能够及时完成工作任务。	10
(三) 情感、态度、价值观目标	出勤纪律、工作态度(违反第一条,10分全无)。		1. 遵守工作纪律,自我约束力强,不迟到、早退、旷课; 2. 有职业道德与社会责任感; 3. 有较强的新闻敏感性,有一定的新闻工作者的人文关怀意识; 4. 语言沟通能力、组织协调能力强,能够与团队成员团结协作,共同完成工作任务; 5. 能够实事求是地完成工作评价,给出合理分值。	10
评分标准:优90—100分,良80—89分,及格60—79分 总分:自我评分(20%)+小组评分(30%)+教师评分(50%)				
改进建议				

任务3 无稿播音准备

课前热身: 即兴赞美一名教师或一位母亲,一只宠物或一个饰物。要求运用两个以上的成语说出赞美的原因;真诚感人,语言流畅;时间不少于3分钟。

学习目标: 熟知并陈述什么是无稿播音;掌握话题和节目主持的准备方法,养成自觉备稿的习惯;熟练运用无稿播音准备方法,写出话题或节目提纲,并即兴说话或主持。

案例导入：主持人董卿在2010年第14届央视青歌赛上表现端庄大方、优雅机敏、幽默睿智、妙语连珠，赢得了亿万观众的喜爱。青歌赛免不了晋级和落选，晋级皆大欢喜，而如何化解落选者的失控情绪，就很考验主持人的功力。在第14届央视青歌赛上，董卿面对落选者，说了以下一段话："屈原之所以能够伟大，除了他的才华之外，更重要的是因为他的爱国情怀和高洁的志趣。所以我想对于年轻人来说，如果今天这次小小的失利，能够让他们认识到自己在歌唱水平上有所差距，除此之外，还能够磨砺我们的意志，坚定我们的情怀。我想，那真的就是一笔宝贵的人生财富了。最后，我也想用屈原在《离骚》当中的诗句来作为告别。'路漫漫其修远兮，吾将上下而求索。亦余心之所善兮，虽九死其犹未悔。'"董卿以广博的知识、体贴的温情、深厚的功底为我们展示了即兴主持的魅力。

那么，什么是无稿播音？无稿播音的准备要注意哪些事项呢？

在广播电视节目以及一些新媒体节目中，播音员主持人等传播者素质的高低对传播质量的好坏起着非常重要的作用。要做到"有稿播音锦上添花、无稿播音出口成章"，就要重视播音创作前的准备，即备稿，这是播音员主持人不可或缺的基本功。

无稿播音，就是在没有文字稿件做依据的情况下，进行有声语言的创作。

如果确定了一个话题，仅有简单的提纲、零星的材料，却需要即兴组织一段话，就要求我们尽量"打好腹稿""形成要点""心中有数""胸有成竹"，以便在创作中"出口成章"。这时，内部语言特别重要。内部语言的思维活跃程度、逻辑严谨程度、词语精确程度、感情丰富程度、状态积极程度，都取决于创作者（播音员主持人）的广义备稿。

为了创作出精品，我们的头脑里要储存丰富的经历、体验、感悟。也许正是过眼旧事，说不定就能派上用场；也许就是芝麻小事，说不定就会成为典型例证。

广义备稿是储备，是狭义备稿的基础和前提；狭义备稿是运用。要运用，必须先储备。广义备稿做得越好，狭义备稿的效果就越好。两者都要重视，都要做好。

备稿六步同样适用于无稿播音。确定了一个话题，首先要写出说话提纲，打好腹稿，明确先说什么，后说什么，内容安排要有层次；然后围绕一定的主题"穿线""抱团"，并从具体话题出发，联系播音背景，明确播音目的，抓住话题重点，把握话语基调。

课堂训练

以下面的材料为话题，即兴组织语言现场主持。

材料一：某青年歌手大赛复赛结束后，一落选男选手哭了，如何送别他？

材料二：某主持人大赛上，新闻组复赛结束后，一落选女选手哭了，如何送别她？

训练提示：以上材料任选其一，写出说话的关键词、提纲、目的，表达时做到层次清晰、主旨集中、语言流畅，体现人文关怀。

任务拓展

1.以一个传统节日为话题，设计一段2分钟的即兴说话，写出说话的关键词、提纲、目的。

2.根据以上提纲完成该话题的现场即兴表达。

问题思考

1.什么是无稿播音？

2.如何进行无稿播音的准备？

评价方法

考核表

考核模块	考核内容	考核方式	考核点	分值
(一) 知识与技能目标	1. 无稿播音准备的方法。	理论测验	1. 广义备稿与狭义备稿备稿六步：层次、主题、背景、目的、重点、基调。	10
	2. 无稿表达：运用备稿六步进行表达(本次课堂训练话题)； 3. 即兴评述：即兴赞美。	技能训练	2. 关键词、提纲、目的要精练、准确，层次要清晰； 3. 重点部分表达到位，基调把握准确； 4. 赞美的原因自然、合理； 5. 真诚感人，语言流畅，能运用两个以上的成语。	20
	4. 以"国庆节"为话题，设计一段2分钟的即兴说话，写出说话的关键词、提纲、目的； 5. 根据以上提纲完成该话题的现场即兴表达。	作品评审	6. 重点部分、关键词处理恰当； 7. 基调把握准确； 8. 即兴表达思路清晰、叙述完整。	50
(二) 过程与方法目标	合作完成节目成品的过程表现。		1. 能够获取、搜集、整理信息，甄选有价值的信息； 2. 能够制订、实施工作计划； 3. 能够分析、发现、解决问题； 4. 具有理论知识的运用能力； 5. 能够及时完成工作任务。	10
(三) 情感、态度、价值观目标	出勤纪律、工作态度(违反第一条，10分全无)。		1. 遵守工作纪律，自我约束力强，不迟到、早退、旷课； 2. 有职业道德与社会责任感； 3. 有较强的新闻敏感性，有一定的新闻工作者的人文关怀意识； 4. 语言沟通能力、组织协调能力强，能够与团队成员团结协作，共同完成工作任务； 5. 能够实事求是完成工作评价，给出合理分值。	10
评分标准：优90—100分，良80—89分，及格60—79分 总分：自我评分(20%)+小组评分(30%)+教师评分(50%)				
改进建议				

项目二　文艺作品演播备稿

任务1 理论概要

课前热身：

例稿1.2（诗歌）

偷光阴

于　沙

你听说过光阴被偷吗？
你见过光阴被偷吗？
你有过光阴被偷的事吗？
你相信光阴被偷吗？

是的，应该坦白地告诉你，
光阴是完全可能被偷的。
也许，你的光阴已经被偷了，
而你，还蒙在鼓里呢。

那么，是谁有这么大的胆量，
连光阴也敢偷呢？
啊！这个江洋大盗，
名字就叫——懒惰。

学习目标：了解文艺作品演播的主要内容，熟记文艺作品演播的准备方法，运用文艺作品演播的准备方法写出分析笔记。

文艺作品演播是指利用艺术语言表达的各种手段朗诵诗歌、散文、寓言、童话，演播小说、广播剧，以及进行影视配音。

文艺作品演播的特征是：形象感、情感性强，更具生动性和装饰性（人的哭笑声、咳嗽声，不同情状的气息声等）。

演播文艺作品时，演播者需要了解各种文学体裁和表达样式，要具有较高的文化水平和艺术素养，要具备一定的语言表达基础，有较好的声音弹性、声音塑造力，并且要有较强的内心体验和外化体现能力。

进行文艺作品备稿时，必须认真分析、理解、感受，对表达进行设计，同时弄懂其中的生字、术语、概念等，读准字音。具体做到以下几点：(1)弄清背景，心中有底；(2)明白意图，把握目的；(3)扫除障碍，字音准确；(4)掌握风格，融入基调；(5)合理划分，清晰表达；(6)把握人物，外化贴切。

问题思考

1. 简述文艺作品演播的主要内容。
2. 怎样对文艺作品演播进行备稿？

任务2 诗歌、散文备稿

课前热身： 用自己的话复述《卖炭翁》《桃花源记》。要求生动形象、具体鲜明、活灵活现。

学习目标： 熟知并陈述诗歌、散文体裁的特点，熟练掌握诗歌、散文作品备稿的方法，运用备稿方法写出分析笔记并朗诵。

案例导入： 校园电台在母亲节举办了一次“颂亲恩”朗诵晚会。娟子朗诵了《母亲颂》，但她语速太快，感情平淡，没有打动听众。娟子正是因为没有掌握诗歌、散文的特点，备稿不到位，才没能达到朗诵目的。

那么，诗歌、散文各有什么特点？诗歌、散文的备稿应该注意什么呢？

一、诗歌的特点

(1)通过意象和意境表达思想感情；
(2)语言精练、含蓄、形象，极富表现力；
(3)抒情色彩浓厚，思想感情与现实生活高度统一。

二、散文的特点

(1)行文自由，形散而神不散；
(2)意境深邃，情感丰富；
(3)语言优美凝练，富于文采。

三、诗歌、散文备稿方法

诗歌、散文的朗诵，必须遵循备稿六步的要求，写出作品分析笔记，同时侧重体会意境、激发情感。

课堂训练

例稿1.3（诗歌）

缅怀遇难的八名中国维和部队警察

良　子

①我的同胞们，你们是中国人
中国人的勇士，骄傲的阳光
照射着我们，我们为此自豪
可是，我们只能在悲伤中……

②悲伤中见到你们，悲伤中……
回忆往昔，一个合格的丈夫
一位孩子的好母亲，已逝去
我们的勇士，我们的同胞们

③在海地的一个美丽的小岛上
一个混乱与矛盾交织的世界
你们维护安全，人们的幸福
真正的英雄用自己生命叹息
你们用友善给中华儿女增光

④献上一束鲜花，等你们归家

训练提示：

1. 按备稿六步分析本诗。

第一步——划分层次：

第一部分：在悲伤中为牺牲的维和警察骄傲自豪（①）

第二部分：勇士们为维和工作献出生命（②③）

第三部分：鲜花祭奠令人敬仰的英雄（④）

第二步——概括主题:抒发对献身和平事业的英烈们的敬仰、哀悼之情。
第三步——联系背景:
上情:倡导和平、和谐、发展,推动社会进步。
下情:主流——和平、和谐、发展是当今世界的主流;
　　支流——但也有战乱、不稳定的因素阻碍社会发展。
第四步——明确目的:引导人们热爱和平、维护世界稳定。
第五步——找出重点:第三段。
第六步——确定基调:忧伤、怀念。
2. 对诗歌情感的分析:悲伤、敬仰、自豪之情充溢诗行。

例稿1.4(散文)

读书人是幸福人

谢　冕

①我常想,读书人是世间幸福人,因为他除了拥有现实的世界之外,还拥有另一个更为浩瀚也更为丰富的世界。现实的世界是人人都有的,而后一个世界却为读书人所独有。由此我想,那些失去或不能阅读的人是多么的不幸,它们的丧失是不可补偿的。世间有诸多的不平等,财富的不平等,权力的不平等,而阅读能力的拥有或丧失却体现为精神的不平等。

②一个人的一生,只能经历自己拥有的那一份欣悦,那一份苦难,也许再加上他亲自闻知的那一些关于自身以外的经历和经验。然而,人们通过阅读,却能进入不同时空的诸多他人的世界。这样,具有阅读能力的人,无形间获得了超越有限生命的无限可能性。阅读不仅使他认识了草木虫鱼之名,而且可以上溯远古下及未来,饱览存在的与非存在的奇风异俗。

③更为重要的是,读书加惠于人们的不仅是知识的增广,而且还在于精神的感化与陶冶。人们从读书学做人,从那些往哲先贤以及当代才俊的著述中学得他们的人格。人们从《论语》中学得智慧的思考,从《史记》中学得严肃的历史精神,从《正气歌》中学得人格的刚烈,从马克思学得入世的激情,从鲁迅学得批判精神,从托尔斯泰学得道德的执着。歌德的诗句刻写出睿智的人生,拜伦的诗句呼唤着奋斗的热情。一个读书人,是一个有机会拥有超乎个人生命体验的幸运人。

④一个人一旦与书结缘,极大可能是注定了与崇高追求和高尚情趣相联系的人。说“极大可能”,指的是不排除读书人中也有卑鄙和奸诈,况且,并非凡书皆好,

在流传的书籍中，并非全是劝善之作，也有无价值的甚而起反面效果的。但我们所指读书，总是以其优良品质得以流传一类，这类书对人的影响总是良性的。我之所以常感到读书幸福，是从喜爱读书的亲身感受而发的。笛卡儿说“读一本好书，就是和许多高尚的人谈话”，这就是读书使人向善；雨果说“各种蠢事，在每天阅读好书的影响下，仿佛烤在火上一样渐渐熔化”，这就是读书使人避恶。

⑤所以，我说，读书人是幸福人。

训练提示：

1. 按备稿六步分析本文。

第一步——划分层次：

第一部分：读书人拥有更丰富的世界（①）

第二部分：读书使人获得超越有限生命的可能性，可以增加知识、陶冶情操（②③④）

第三部分：总结读书人是幸福人（⑤）

第二步——概括主题：读书人是幸福人。

第三步——联系背景：

上情：提倡读书。

下情：主流——阅读、读好书是人们的共识；

　　支流——有的人沉迷电子产品，缺乏阅读习惯。

第四步——明确目的：引导人们热爱阅读、读好书。

第五步——找出重点：第②③④自然段。

第六步——确定基调：清新、隽永、明快。

2. 体会意境、激发情感：恬静、自由的阅读过程，不仅使人增长了知识，而且陶冶了情操，让人感到愉悦和幸福。

任务拓展

1. 自选一篇诗歌或散文，按备稿六步写出分析笔记，并策划一档广播节目。

2. 根据以上策划，制作一档完整的广播节目，时长5分钟。

问题思考

诗歌、散文的备稿应注意哪些方面？需要遵循备稿六步吗？

评价方法

考核表

考核模块	考核内容	考核方式	考核点	分值
(一)知识与技能目标	1. 诗歌、散文的备稿。	理论测验	1. 备稿六步：层次、主题、背景、目的、重点、基调；体会意境、激发情感。	10
	2. 有稿表达：写出备稿分析笔记，并朗诵(本次课堂训练稿件)； 3. 即兴评述：创造性复述。	技能训练	2. 分析稿件准确，备稿六步齐全； 3. 重点段落表达到位，基调把握准确；意境贴切，情感充沛； 4. 运用生动形象、具体鲜明、活灵活现的口语表达； 5. 语言表达准确流畅。	20
	4. 自选一篇诗歌或散文，按备稿六步写出分析笔记，并策划一档广播节目； 5. 根据以上策划，制作一档完整的广播节目，时长5分钟。	作品评审	6. 重点段落处理恰当； 7. 基调把握准确； 8. 音频节目完整； 9. 节目配乐恰当合理。	50
(二)过程与方法目标	合作完成节目成品的过程表现。		1. 能够获取、搜集、整理信息，甄选有价值的信息； 2. 能够制订、实施工作计划； 3. 能够分析、发现、解决问题； 4. 具有理论知识的运用能力； 5. 能够及时完成工作任务。	10
(三)情感、态度、价值观目标	出勤纪律、工作态度(违反第一条，10分全无)。		1. 遵守工作纪律，自我约束力强，不迟到、早退、旷课； 2. 有职业道德与社会责任感； 3. 有较强的新闻敏感性，有一定的新闻工作者的人文关怀意识； 4. 语言沟通能力、组织协调能力强，能够与团队成员团结协作，共同完成工作任务； 5. 能够实事求是完成工作评价，给出合理分值。	10
评分标准：优90—100分，良80—89分，及格60—79分 总分：自我评分(20%)+小组评分(30%)+教师评分(50%)				
改进建议				

任务3 童话、寓言备稿

课前热身(正向和逆向思维训练)：分别说出喜欢春、夏、秋、冬季节的理由，再说出不喜欢的理由。如：春季正向——我喜欢春天，因为……；逆向——我不喜欢春天，因为……(要求正向和逆向思维的论据、论证有反差，环环相对，尖锐犀利，时长3分钟)

学习目标：熟知并陈述童话、寓言的特点，掌握童话、寓言备稿的具体步骤，熟练运用备稿方法分析、理解童话、寓言稿件。

案例导入：六一儿童节到了，少儿频道举办了一场小朋友讲故事比赛。小叮当组合的参赛作品《时间和爱的故事》，以夸张的对比、贴切的声音造型、活泼生动的演绎赢得了现场热烈的掌声，并获得最佳节目奖。他们之所以成功，是因为充分掌握了童话、寓言的特点。那么童话、寓言的特点是什么？童话、寓言的备稿应注意什么呢？

一、童话、寓言的特点

童话通过丰富的联想来塑造形象、反映生活，对儿童进行思想教育。故事情节多神奇曲折、生动浅显，对自然物往往进行拟人化的描写，符合儿童的接受能力。童话的主旨是教人勇敢、热情、善良、乐观，反对怯懦、卑鄙、邪恶、虚伪。

寓言用假托的故事或自然物的拟人手法来说明某个道理，给人以经验和教训，常带有讽刺或劝诫的性质。

二、童话、寓言备稿

童话、寓言的朗诵，必须遵循备稿六步的方法要求，写出作品分析笔记，侧重角色形象性格的分析、语言特点的把握，并充分展开想象，挖掘寓意。

课堂训练

例稿1.5（童话）

狐狸和公鸡

①一天，一只狐狸在觅食，看到一只公鸡站在草垛上。

②“我从未见过像你这般俊俏的禽类，”狐狸说，“当然，除了你父亲外。我过去和他很熟，他有一副好嗓子。我想，再也听不到那么美妙的声音了。”

③公鸡抖了抖身上的羽毛。

④“人们说我的嗓子不错，”他说，“你不妨听听是不是和我父亲的一样好。”

⑤“好啊，请吧。”狐狸说着，转过头去舔了舔嘴。

⑥公鸡挺直了身子，紧闭双眼，开始放声高歌。狐狸立刻咬住他的脖子，叼着他向田里跑去。

⑦“小偷，站住！”在地里干活的人喊道。

⑧“把我们的公鸡还回来。”人们开始追赶狐狸。

⑨“如果我是你，”公鸡扭过头对狐狸说，“我会告诉他们不要多管闲事，告诉他们我是你的，他们就不会追赶你了。”

⑩狐狸张开嘴大喊，而公鸡快速飞到眼前最高的树上。

⑪“为什么我不一直闭着嘴呢?”狐狸气愤地自责。

⑫“真是死里逃生，”公鸡想，“以后我得睁大眼睛了。”

训练提示:

1.按备稿六步分析本文。

第一步——划分层次:

第一部分:公鸡上当，狐狸捕鸡(①—⑥)

第二部分:狐狸上当，公鸡逃生(⑦—⑫)

第二步——概括主题:巧言奉承的后面往往潜藏着危险，运用智慧可以战胜敌人，赢得安全。

第三步——联系背景:

上情:提倡正直、诚实、实事求是的品德作风。

下情:主流——正直、诚实、实事求是的品德作风为大众所认同;

　　支流——少数人为一己私利巧言令色、阿谀奉承。

第四步——明确目的:引导人们发扬正直、诚实、实事求是的品德作风，用智慧对付狡猾的敌人。

第五步——找出重点:第一部分的②—⑥、第二部分的⑨—⑫。

第六步——确定基调:讽刺、启发。

2.角色性格及语言特点。

公鸡——单纯、天真的声音;

狐狸——奸诈、狡猾的声音;

村民——成年人，成熟的声音。

例稿1.6(寓言)

聪明人

①有一个聪明人，他听说有一个非常慷慨和好客的人。

②聪明人穿上一件破破烂烂的衣服，到这个人家里去做客。主人对这个客人并不太欢迎，甚至都没有招待他。

③聪明人一无所得，闷闷不乐地回去了。

④第二天，他穿了一身华丽的衣服，又去找这个人。主人见他这身穿着，立即把他请了进去，摆上丰盛的酒席，殷勤地招待他。

⑤聪明人冷笑一声，掏出几个铜钱，扔到主人的面前。

⑥主人摸不着头脑，就问他："你给我钱干什么？"

⑦聪明人回答："昨天我穿一身旧衣服到你家来，你没有请我吃一口饭。今天我穿了这一身衣服，你就把我当作贵宾来招待，可见对你来说，重要的不是人，而是他的衣服。聪明人能够以智慧报答你的友谊，有钱人却只能给你金钱。这几个钱不是我这个人给你的，而是我的衣服给你的。"

⑧聪明人说完这些话，就昂首挺胸地离开了。

训练提示：

1. 按照备稿六步分析本文。

第一步——划分层次。

第一部分：聪明人第一次去这户人家，受冷遇（①—③）

第二部分：聪明人第二次去这户人家，受礼遇（④—⑧）

第二步——概括主题：待人接物不应以貌取人。

第三步——联系背景。

上情：倡导以诚相待。

下情：主流——以诚相待是社会认可的待人处世之道；

支流——有部分人以貌取人。

第四步——明确目的：引导人们发扬以诚相待的优良品德。

第五步——找出重点：⑦。

第六步——确定基调：批评、讽刺。

2. 角色性格及语言特点。

聪明人——睿智，声音沉稳有力；

主人——糊涂，声音粗而含混。

任务拓展

1.把《狐狸和公鸡》或《聪明人》设计成一档广播节目，并写出策划方案。

2.根据以上策划方案，制作一档完整的广播节目。

问题思考

童话、寓言有什么特点，备稿应注意什么？

评价方法

考核表

考核模块	考核内容	考核方式	考核点	分值
(一)知识与技能目标	1. 童话、寓言稿件的备稿。	理论测验	1. 备稿六步:层次、主题、背景、目的、重点、基调;角色性格、语言特点或寓意。	10
	2. 有稿表达:写出备稿分析笔记,并演播(本次课堂训练稿件); 3. 即兴评述:正向和逆向思维训练。	技能训练	2. 分析稿件准确,备稿六步齐全;角色性格、语言特点分析准确; 3. 重点段落表达到位,基调把握准确; 4. 正向和逆向思维的论据、论证反差大; 5. 环环相对、尖锐犀利。	20
	4. 把《狐狸和公鸡》或《聪明人》设计成一档广播节目,并写出策划方案; 5. 根据以上策划方案,制作一档完整的广播节目。	作品评审	6. 重点段落处理恰当,基调把握准确; 7. 声音设计符合角色性格特征; 8. 音频节目完整; 9. 节目音效贴切。	50
(二)过程与方法目标	合作完成节目成品的过程表现。		1. 能够获取、搜集、整理信息,甄选有价值的信息; 2. 能够制订、实施工作计划; 3. 能够分析、发现、解决问题; 4. 具有理论知识的运用能力; 5. 能够及时完成工作任务。	10
(三)情感、态度、价值观目标	出勤纪律、工作态度(违反第一条,10分全无)。		1. 遵守工作纪律,自我约束力强,不迟到、早退、旷课; 2. 有职业道德与社会责任感; 3. 有较强的新闻敏感性,有一定的新闻工作者的人文关怀意识; 4. 语言沟通能力、组织协调能力强,能够与团队成员团结协作,共同完成工作任务; 5. 能够实事求是完成工作评价,给出合理分值。	10
评分标准:优90—100分,良80—89分,及格60—79分 总分:自我评分(20%)+小组评分(30%)+教师评分(50%)				
改进建议				

项目三　新闻播音备稿

任务1 理论概要

课前热身: 听一条新闻,并简要复述。(听前准备好纸和笔,速记新闻的主要内容,包括时间、地点、人物、事件、结果等;复述时注意事实准确,语言条理清晰,表达流畅。)

学习目标：了解新闻播音备稿的基本内容，掌握新闻播音备稿的方法，运用正确的备稿方法分析新闻稿件。

新闻播音的备稿，这里主要讲消息类和评论类稿件的备稿。

消息类稿件的备稿要按备稿六步进行，同时兼顾消息的结构特点，从导语、主体的角度把握内容的层次。分析时，应准确把握播出背景、针对性、目的、基调，尤其要注意联系实际。消息类稿件虽篇幅短小，但内容不同，针对性、目的、基调也就不同，表达时要有变化，防止千篇一律。另外，要注意句子的“归堆儿”“抱团儿”，注意小层次划分准确，切忌把一条消息播散了。

评论类稿件的备稿可结合论点、论据、论证这些结构要素进行分析，表达时注意体现逻辑的力量。

问题思考

1. 简述新闻消息类播音的备稿方法。

2. 简述新闻评论类播音的备稿方法。

任务2 新闻播音备稿的具体方法

课前热身：简要复述当天报纸头版头条的内容。（在总体把握材料的基础上，经过分析、综合，概括中心、主干、要点，略去铺陈性、解释性、修饰性等次要部分，简明扼要地复述材料的基本内容。要求结构完整、条理清晰、语言准确，不能因简害意。）

学习目标：熟知并陈述新闻稿件的体裁与结构特征，掌握新闻备稿的具体步骤及顺序要求，熟练运用备稿方法准确、清晰、流畅地播报新闻。

案例导入：英年早逝的央视《新闻联播》主播罗京是一位德才兼备的播音艺术家，他创造的播音26年差错为零的纪录堪称奇迹。

各电视台从实际出发，在播音规定中允许播音员有差错，当然，差错率越低越好。优秀的播音员的差错率肯定是很低的，但能把差错率降到零，26年不出任何差错，无论如何都称得上是播音界的一个奇迹。这与他善于把握新闻的特点，认真备稿是分不开的。

那么，如何把握新闻的特点，准备好稿件呢？

一、新闻稿件特征

新闻（这里特指消息）是对新近发生的有社会意义并引起公众兴趣的事实的简短报道。因此，真实性、时效性、篇幅短是消息的特征。

新闻稿件结构，一般为导语、主体和结尾（有的还有背景材料）三段式结构。

二、新闻稿件备稿

导语是指一篇消息的第一自然段或第一句话。它用简明扼要的文字写出消息中最主要、最新鲜的事实，鲜明地提示消息的主题思想。

主体是消息的主干部分。它紧接导语之后，对导语做全面的阐述，具体展开事实或进一步突出中心，表现全篇的主题思想。

背景用来说明新闻事件的起因，或显示、帮助读者理解新闻事件的重要性，突出稿件的新闻价值。

结尾有时是消息的“总结”，有时是消息的最后一段。

为了使新闻稿件的播音达到应有的传播效果，播音员主持人首先要熟悉稿件内容；其次要划分层次，抓住新闻的结构特征，明确事实发生、发展的逻辑层次；最后要明确播出目的，确定正确的基调。

课堂训练

例稿1.7

国家高等教育智慧教育平台用户已覆盖166个国家和地区

人民网北京2月9日电　记者从教育部今天举行的会议上获悉，教育部在充分整合前期慕课与在线教育建设成果的基础上，建设了国家高等教育智慧教育平台，提供了2.7万门优质慕课、虚拟仿真实验，以及6.5万余件教材、视频等各类学习资源。截至目前，国家高等教育智慧教育平台用户已覆盖166个国家和地区。

教育部高等教育司副司长武世兴介绍，一年来，教育部落实教育数字化战略行动部署，以高等教育数字化、智能化引领中国式高等教育现代化建设，支撑高等教育高质量发展，取得了显著成效。一是高起点建设国家高等教育智慧教育平台；二是高标准加强在线课程“建用学管”；三是高水平开展高等教育数字化理论研究；四是高层次推动慕课与在线教育国际交流与合作。

武世兴表示，教育部深入实施“慕课西部行计划”2.0。“慕课西部行计划”实现西部高校基本全覆盖，仅2022年一年，为西部高校提供的慕课及订制课程服务4.5

万门，帮助西部地区开展混合式教学176.9万门次，参与学习学生2.5亿人次，培训西部教师35.5万人次。

（2023年2月9日人民网，记者李依环）

训练提示：

严格按照备稿六步分析稿件，结合新闻稿件体裁的特点，明确该稿件的播出目的和意义。

第一步——划分层次：本条消息共3个自然段，是典型的三段式结构。

第二步——概括主题。

导语部分：教育部建设了国家高等教育智慧教育平台，用户多、覆盖面广；

主体部分：具体介绍教育部落实教育数字化战略行动部署；

结尾部分：西部高校基本实现全覆盖，随着平台建设日趋完善，受益人数将大幅度增加。

国家高等教育智慧教育平台体现了中国式高等教育现代化建设成果，未来将惠及更多人。

第三步——联系背景。

上情：当前中国高等教育已经进入普及化阶段，高质量发展成为时代主题，高校师生及社会学习者对优质在线教育资源、高品质在线教育服务、规范化在线教学管理的需求日益强烈。

下情：主流——教育部打造国家高等教育智慧教育平台是教育发展、时代发展的需要；

支流——有的学习者因找不到优质在线教育资源而烦恼。

第四步——明确目的：全国高等教育在线资源的便捷获取、高效运用、智能服务，必将为高等教育数字化改革和高质量发展提供有力支撑。

第五步——找出重点：第1、2自然段。

第六步——确定基调：平稳、积极。

任务拓展

1. 自选一条消息，按照备稿六步写出分析笔记。
2. 自选稿件，策划、编辑、播音，制作成一档广播新闻节目。

问题思考

新闻稿件的备稿应注意什么？

评价方法

考核表

考核模块	考核内容	考核方式	考核点	分值
（一） 知识与技能目标	1. 新闻稿件的备稿。	理论测验	1. 备稿六步：层次、主题、背景、目的、重点、基调。	10
	2. 有稿表达：写出新闻稿件的备稿分析笔记，并播报本次课堂训练稿件； 3. 即兴评述：简要复述当天报纸头版头条的内容。	技能训练	2. 分析稿件准确，备稿六步齐全； 3. 重点段落表达到位，基调把握准确； 4. 简明扼要，内容、结构完整； 5. 条理清楚、语言准确。	20
	4. 自选一条消息，按照备稿六步写出分析笔记； 5. 自选稿件，策划、编辑、播音，制作成一档广播新闻节目。	作品评审	6. 重点段落处理恰当，基调把握准确； 7. 语言准确、清晰、流畅； 8. 音频节目完整； 9. 播报叙事清楚、新鲜感强。	50
（二） 过程与方法目标	合作完成节目成品的过程表现。		1. 能够获取、搜集、整理信息、甄选有价值信息； 2. 能够制订、实施工作计划； 3. 能够分析、发现、解决问题； 4. 具有理论知识的运用能力； 5. 能够及时完成工作任务。	10
（三） 情感、态度、价值观目标	出勤纪律、工作态度（违反第一条，10分全无）。		1. 遵守工作纪律，自我约束力强，不迟到、早退、旷课； 2. 有职业道德与社会责任感； 3. 有较强的新闻敏感性，有一定的新闻工作者的人文关怀意识； 4. 语言沟通能力、组织协调能力强，能够与团队成员团结协作，共同完成工作任务； 5. 能够实事求是完成工作评价，给出合理分值。	10
评分标准：优90—100分，良80—89分，及格60—79分。 自我评分（20ú）+小组评分（30ú）+教师评分（50ú）				
改进建议				

项目四　话筒前的情感调动

任务1　理论概要

课前热身（音乐感触描述）：教师播放一段音乐，全班同学一起聆听。听的过程中，同学们要寻找内心视像，展开形象思维。音乐播放完毕，同学们组织语言进行即兴表达。要求思维敏捷，语言流畅，表达自信，一气呵成，时长2分钟。

学习目标：熟知并陈述感受的含义；掌握形象感受的分类；掌握逻辑感受的分类；掌握具体感受与整体感受的关系；熟练调动情感，准确、鲜明、生动地表达作品。

案例导入：小艾是电视台卡通频道的主持人，经常需要扮演卡通角色。一开始，小艾表情比较僵化，语言没有感染力，肢体不够灵活，后来她在排练中充分发挥自己的想象，用心感受，进入角色，结果大获成功。

什么是感受？感受对于作品的表达有什么作用呢？

感受，指播音员主持人因语言符号达于客观事物从而接受其刺激产生内心反应的过程。简而言之，就是感之于外，受之于心。感受分为形象感受、逻辑感受、整体感受三大类。

一、形象感受

形象感受，指不只感受到文字和语言的存在，而是透过语言符号感觉到这些符号代表的那些具体的客观事物的存在。形象感受包括视觉（“看”到了绿树、红花）、听觉（“听”到水流声、鸟叫声）、嗅觉（“闻”到了泥土香、花香）、触觉、空间知觉等多种感受。

二、逻辑感受

逻辑感受是在符合思维规律的过程中由创作主体通过再体验获得的。逻辑感受包括并列、对比、递进、转折、主次、总括等，在有声语言的词语序列中比比皆是。

三、整体感受

形象感受和逻辑感受都是从稿件的具体环节上产生的，因此都是具体感受。只有具体感受是不行的，必须把各个环节的具体感受融合为整体感受，才能拥有创作基石。具体感受是整体感受的基础，整体感受是具体感受的深化，而不是各个具体感受的混合。

课堂训练

例稿1.8

月亮依然残缺地悬在浦东的低空，橙红的颜色已渐渐转苍白了。月亮照在水面上亮晶晶的，黄浦江的昏水在夜中也好像变成了青色一般。江心有几只游船，满饰着灯彩，在打铜器，放花炮，游来游去地回转，想来大约是救月的了。

——选自郭沫若《月蚀》

训练提示： 通过形象感受，我们可以清晰地“看”到浦东低空那残缺而苍白的月亮、月亮在水面的倒影、黄浦江水的颜色、满饰着灯彩的游船。朗诵时，要充分展开想象，感受作者当时苦闷的心情。

例稿1.9

人只不过是一根苇草，是自然界最脆弱的东西，但他是一根能思想的苇草。用不着整个宇宙都拿起武器才能毁灭他，一口气、一滴水就足以致他死命了。然而，纵使宇宙毁灭了他，人却仍然要比致他于死命的东西高贵得多；因为他知道自己要死亡，以及宇宙对他所具有的优势，而宇宙对此却是一无所知。因而，我们全部的尊严就在于思想 。

——选自帕斯卡尔《思想录》

训练提示： 这段比喻先是肯定，再是转折，最后总括，表达了深刻的思辨力。朗诵时，应该感受到“思想”的独特的力量。

任务拓展

1. 每人完成3分钟的寓言配音作业，通过配音，明确形象感受在语言表达过程中的重要性。要求角色语言特点鲜明，声音塑造能力强，准确表达寓言的寓意。

2. 搜集能够表现具体感受的诗歌，录制成5分钟以内的音频节目。

问题思考

1.感受的分类有哪些？

2.具体感受和整体感受是怎样的关系呢？

任务2 抓住具体感受

任务2.1 视觉感受

课前热身（视觉思维练习）：教师让同学们看一幅画，根据图画上的景物进行描述练习。要求观点鲜明，思维敏捷，语言组织能力强，自信连贯，一气呵成，时长不少于3分钟。

学习目标： 熟知并陈述视觉感受的含义与作用，熟练运用视觉感受对作品进行准确、鲜明、生动的表达。

案例导入： 兮兮在抗震救灾的晚会上要表演一个朗诵节目，旨在表现军民一家亲的主题，但她准备作品时总是找不到感觉。当她翻阅一些新闻及影像资料后，脑海里立马有了一个个鲜活的场景。正是有了这些视觉感受，她的朗诵情感把握得非常到位，受到观众的好评。

什么是视觉感受？视觉感受对于作品的表达有什么作用呢？

什么是视觉感受

简单地说，视觉感受是指人们在接受某种视觉刺激，“看到”稿件中的人、事、物、景等之后产生的具体感觉。戏剧教育家斯坦尼斯拉夫斯基说的“视像”就包含这种情况。我们要学会运用直观的视觉感受去表达作品。有了视觉感受，作品的表达才会鲜活生动。

课堂训练

例稿1.10

绝　句

〔唐〕杜甫

两个黄鹂鸣翠柳，
一行白鹭上青天。
窗含西岭千秋雪，
门泊东吴万里船。

训练提示：这首诗描写了诗人居住的成都草堂周围的景色，色彩丰富，有黄、翠、白、青等。朗诵时，要突出对比：“两”和“一”相对，黄和白相对。通过视觉感受，可以看到窗里包含了岷山千万年堆积的雪，还可以看到门口停泊着来自万里外的东吴的船只。此时安史之乱已进入尾声，因此我们应感受到诗人轻松愉悦的心情。

例稿1.11

月亮像一个新娶来的媳妇，刚刚从东天边升上来，就又羞答答地钻进树叶子里藏起来。那些稠密的白杨树叶子，像是一条流水，日日夜夜沙沙沙，沙沙沙，在人们看不见的地方，平静又响亮地流着。

——选自刘真《月夜》

训练提示：此段描写美丽静谧的夜景。通过视觉感受，我们似乎真的看到了羞答答的月亮在高空犹抱琵琶半遮面，似乎真的看到了挺拔的白杨树在夜色中也变得柔和，感受到了这种动静相宜的美。

任务拓展

1. 每人完成一段3分钟以内的风光专题片的配音，明确视觉感受在语言表达中的重要性。要求声音塑造能力强，意境表达准确到位。

2. 搜集能表现视觉感受的稿件，录制成3分钟的音频节目。

问题思考

什么是视觉感受？如何抓住稿件的视觉感受？

评价方法

考核表

考核模块	考核内容	考核方式	考核点	分值
（一）知识与技能目标	1. 请说说如何抓住视觉感受。	理论测验	1. 直观地看，充分合理地想象，大胆地联想。	10
	2. 有稿表达：运用视觉感受朗诵《绝句》； 3. 即兴评述：图画描述练习。	技能训练	2. 准确分析稿件，认真表达作品，展开丰富的联想； 3. 作品表达到位，充分运用视觉感受； 4. 思维语言自然流畅； 5. 符合图画意思，语言组织能力强。	20
	4. 每人完成一段3分钟以内的风光专题片的配音； 5. 搜集能表现视觉感受的稿件，录制成3分钟的音频节目。	作品评审	6. 重点段落处理恰当； 7. 语言节奏把握准确； 8. 节目配乐恰当合理。	50
（二）过程与方法目标	合作完成节目成品的过程表现。		1. 能够获取、搜集、整理信息，甄选有价值的信息； 2. 能够制订、实施工作计划； 3. 能够分析、发现、解决问题； 4. 具有理论知识的运用能力； 5. 能够及时完成工作任务。	10
（三）情感、态度、价值观目标	出勤纪律、工作态度（违反第一条，10分全无）。		1. 遵守工作纪律，自我约束力强，不迟到、早退、旷课； 2. 有职业道德与社会责任感； 3. 有较强的新闻敏感性，有一定的新闻工作者的人文关怀意识； 4. 语言沟通能力、组织协调能力强，能够与团队成员团结协作，共同完成工作任务； 5. 能够实事求是地完成工作评价，给出合理分值。	10
评分标准：优90—100分，良80—89分，及格60—79分 总分：自我评分（20%）+小组评分（30%）+教师评分（50%）				
改进建议				

任务2.2　听觉感受

课前热身（声音描述练习）：播放一段动物的声音，寻找内心听到声音后的感受，展开形象思维，即兴组织语言。要求思维敏捷，语言组织能力强，表达自然连贯，一气呵成，时长3分钟。

学习目标：熟知并陈述听觉感受的含义与作用，掌握听觉感受在作品表达中的使用方式，熟练运用听觉感受对作品进行准确、鲜明、生动的表达。

案例导入：青青在给动画片配音时，总是抓不住角色性格，配音显得很单薄。老师经过分析，认为是她没有学会运用听觉感受，于是要她将原版动画片好好看一遍，然后闭上眼回忆，再去配音。青青照此去做，脑海中浮现出一个个场景，之后配音水平大大提高。

什么是听觉感受？听觉感受对于作品的表达有什么作用呢？

听觉感受是从声音的角度对作品进行综合的、整体的把握，是更为积极地处理作品的方式。比如，朗诵“夜阑人静，独自一人谛听着钟摆在冷漠地、不停地摆动……黑夜与睡梦笼罩着大地，万籁俱寂”时，脑海中一定要浮现出钟摆的样子，仿佛听到钟摆动的声音，这样配合钟摆滴答滴答的节奏，用低沉的声音来表达，才能读出韵味。

课堂训练

例稿1.12

正当格鲁希元帅在一户农民家里急急忙忙吃早餐时，他脚下的地面突然微微震动起来。所有人都悉心细听，从远处一再传来沉闷的、渐渐消失的声音。这是大炮的声音，是远处炮兵正在开炮的声音，不过并不太远，至多只有三小时的路程。几个军官用印第安人的姿势伏在地上，试图进一步听清方向。从远处传来的沉闷的回声依然不停地隆隆滚来。这是圣让山上的炮火声，是滑铁卢战役开始的声音。格鲁希征求大家的意见，副司令热拉尔急切地要求：“立即向开炮的方向前进！”第二个发言的军官也赞同说：“赶紧向开炮的方向转移，要快！”

——选自斯蒂芬·茨威格《滑铁卢之战》

训练提示：通过听觉感受，我们可以听到滑铁卢战役中炮兵在远处开炮的声音，还有山上的炮火声。在表达作品时，我们一定要注意体会战争中宏大场面的声响与细微、紧张而有节奏的声响的对比，让声音呈现出一种由远及近、由整体到局部的紧迫感。

例稿1.13

南方的八月间，骄阳似火。中午时分，太阳把树叶都晒得卷缩起来。知了扯着长声聒个不停，给闷热的天气更添上一层烦躁。

——选自金敬迈《欧阳海之歌》

训练提示：在表达作品时，我们应充分运用听觉感受，好像置身于闷热的南方，太阳火辣辣的，听见知了聒噪的叫声，体会那种烦躁乏味的感觉。

任务拓展

1. 每人完成一段3分钟的动画片配音，明确听觉感受在语言表达中的重要性。要求声音塑造能力强，角色性格特点鲜明。

2. 搜集能够表现听觉感受的作品，录制成3分钟以内的音频节目。

问题思考

什么是听觉感受？听觉感受对于作品的表达有什么作用？

评价方法

考核表

考核模块	考核内容	考核方式	考核点	分值
(一)知识与技能目标	1.请说说如何抓住听觉感受。	理论测验	1. 直观地看，仔细地听，充分合理地想象，大胆地联想。	10
	2. 有稿表达：运用听觉感受朗诵《滑铁卢之战》； 3. 即兴评述：音乐描述练习。	技能训练	2. 准确分析稿件，认真表达作品，展开丰富的联想； 3. 作品表达到位，充分运用听觉感受； 4. 思维敏捷，语言组织能力强； 5. 自然连贯，一气呵成，情境一致。	20
	4. 每人完成一段3分钟的动画片配音； 5. 搜集能够表现听觉感受的作品，录制成3分钟以内的音频节目。	作品评审	6. 重点段落处理恰当； 7. 角色把握准确、性格特点鲜明； 8. 节目配乐恰当合理。	50
(二)过程与方法目标	合作完成节目成品的过程表现。		1. 能够获取、搜集、整理信息，甄选有价值的信息； 2. 能够制订、实施工作计划； 3. 能够分析、发现、解决问题； 4. 具有理论知识的运用能力； 5. 能够及时完成工作任务。	10
(三)情感、态度、价值观目标	出勤纪律、工作态度(违反第一条，10分全无)。		1. 遵守工作纪律，自我约束力强，不迟到、早退、旷课； 2. 有职业道德与社会责任感； 3. 有较强的新闻敏感性，有一定的新闻工作者的人文关怀意识； 4. 语言沟通能力、组织协调能力强，能够与团队成员团结协作，共同完成工作任务； 5. 能够实事求是地完成工作评价，给出合理分值。	10

续表

考核模块	考核内容	考核方式	考核点	分值
评分标准：优90—100分，良80—89分，及格60—79分。 总分：自我评分（20%）+小组评分（30%）+教师评分（50%）				
改进建议				

任务2.3　嗅觉感受

课前热身（嗅觉描述练习）：准备4种味道不同的物品，放进4个小盒子里，根据闻的感觉描述物品，即兴组织语言。要求语言组织能力强，表达自然连贯，一气呵成，时长3分钟。

学习目标：熟知并陈述嗅觉感受的含义与作用，掌握嗅觉感受在作品表达中的使用方式，熟练运用嗅觉感受对作品进行准确、鲜明、生动的表达。

案例导入：芳芳是电台美食节目主持人，很多人都喜欢她。因为听她的节目有身临其境的感觉。芳芳主持时，对食物的描述绘声绘色，所以吸引了大批受众。

什么是嗅觉感受？嗅觉感受对于作品的表达有什么作用呢？

嗅觉感受是通过嗅觉器官对物品的气味进行感受。播音员主持人要特别注意细微、深入地体味，通过文字引发自己的内心感受，至于深浅、浓淡、多少，就要看播音员主持人的具体感受是否真切和鲜活了。嗅觉感受很具体，将其与视觉、听觉感受相搭配，能迅速地提高对作品的综合理解和认识，有利于从整体上把握作品。

课堂训练

例稿1.14

荔枝蜜的特点是成色纯，养分多。住在温泉的人多半喜欢吃这种蜜，滋养精神。热心肠的同志为我也弄到两瓶。一开瓶子塞儿，就是那么一股甜香；调上半杯一喝，甜香里带着股清气，很有点鲜荔枝味儿。喝着这样的好蜜，你会觉得生活都是甜的呢。

——选自杨朔《荔枝蜜》

训练提示：运用嗅觉感受，我们能闻到荔枝蜜的甜香，还能感受到甜香里带着新鲜荔枝的清气。结合这些感受，表达作品就能更加细腻、具体，还能感受到生活带给我们的甜。

例稿1.15

我沿着小河往村里走，那淡淡的清清的雾气，那润润的湿湿的泥土气味，不停地扑在我的脸上，钻进我的鼻子。

——选自方之《在泉边》

训练提示：通过嗅觉感受，“我”闻到了清香的泥土气息，感受到乡村早晨的清新美好。

任务拓展

1. 每人完成一段5分钟的动画片配音，其中要有狗等嗅觉灵敏的角色。要求声音塑造能力强，角色特点表达到位。

2. 搜集能够表现嗅觉感受的作品，录制成3分钟以内的音频节目。

问题思考

嗅觉感受对于作品的表达有什么作用呢？

评价方法

考核表

考核模块	考核内容	考核方式	考核点	分值
（一）知识与技能目标	1. 请说说如何抓住嗅觉感受。	理论测验	1. 直观地看，认真地嗅，充分合理地想象，大胆地联想。	10
	2. 有稿表达：运用嗅觉感受朗诵《荔枝蜜》； 3. 即兴评述：嗅觉描述练习。	技能训练	2. 准确分析稿件，认真表达作品，展开丰富的联想； 3. 情感表达到位，充分运用嗅觉感受； 4. 判断准确，想象合理； 5. 语言组织能力强，记忆力强，自然连贯，一气呵成。	20
	4. 每人完成一段5分钟的动画片配音； 5. 搜集能够表现嗅觉感受的作品，录制成3分钟以内的音频节目。	作品评审	6. 角色表现力强； 7. 角色生动形象； 8. 角色语言丰富； 9. 配乐恰当合理。	50
（二）过程与方法目标	合作完成节目成品的过程表现。		1. 能够获取、搜集、整理信息，甄选有价值的信息； 2. 能够制订、实施工作计划； 3. 能够分析、发现、解决问题； 4. 具有理论知识的运用能力； 5. 能够及时完成工作任务。	10

续表

考核模块	考核内容	考核方式	考核点	分值
（三）情感、态度、价值观目标	出勤纪律、工作态度（违反第一条，10分全无）。		1. 遵守工作纪律，自我约束力强，不迟到、早退、旷课； 2. 有职业道德与社会责任感； 3. 有较强的新闻敏感性，有一定的新闻工作者的人文关怀意识； 4. 语言沟通能力、组织协调能力强，能够与团队成员团结协作，共同完成工作任务； 5. 能够实事求是地完成工作评价，给出合理分值。	10
评分标准：优90—100分，良80—89分，及格60—79分 总分：自我评分（20%）+小组评分（30%）+教师评分（50%）				
改进建议				

任务2.4　触觉感受

课前热身（黑箱子猜物）：通过触觉，描述你在黑箱子里摸到的物品。要求思维敏捷，语言组织能力强，自然连贯，一气呵成，时长3分钟。

学习目标：熟知并陈述触觉感受的含义与作用，掌握触觉感受在作品表达中的使用方式，熟练运用触觉感受对作品进行准确、鲜明、生动的表达。

案例导入：小刘是一名讲解员，在湖南省博物馆讲解素纱禅衣的时候，他对小学生是这样说的："素纱禅衣折起来可以放进一个火柴盒里，你们猜，它有多重？"这说明他很聪明，让孩子们运用想象触摸火柴盒来加深印象。

什么是触觉感受？触觉感受对于作品的表达能起到什么作用呢？

触觉感受其实已经脱离了知觉的孤立性，它是人与物体接触时产生的感觉，对人认识和改造世界来说是极其重要的，同时也是人在社会交际过程中的重要行为方式。比如，品葡萄酒时，要让酒布满口腔四周，从舌头两侧、舌尖、舌背，延伸到喉头底部，将葡萄酒的香甜尽收口中，感受味蕾的刺激，充分体会舌尖上的美感。在表达作品的过程中，我们一定要充分运用触觉感受，以便加深对稿件的理解。

课堂训练

例稿1.16

“吹面不寒杨柳风”，不错的，像母亲的手抚摸着你。风里带来些新翻的泥土的气息，混着青草味儿，还有各种花的香，都在微微润湿的空气里酝酿。鸟儿将巢安在繁花嫩叶当中，高兴起来了，呼朋引伴地卖弄清脆的歌喉，唱出宛转的曲子，与轻风流水应和着。牛背上牧童的短笛，这时候也成天嘹亮地响。

——选自朱自清《春》

训练提示：“吹面不寒杨柳风”“像母亲的手抚摸着你”都可以引起我们的触觉感受，让我们体会到春风的气韵神情。朗诵时，注意运用细腻的触觉感受，把无形的春风表达得有情有感，将难以状写的春风表达得神韵透彻。

例稿1.17

在这幽美的夜色中，我踏着软绵绵的沙滩，沿着海边，慢慢地向前走去。海水，轻轻地抚摸着细软的沙滩，发出温柔的唰唰声。晚来的海风，清新而又凉爽。我的心里，有着说不出的兴奋和愉快。

——选自峻青《海滨仲夏夜》

训练提示：静谧的夜晚，我们来到广阔的海边，在沙滩上走着，感受到沙滩上柔软的细沙，踩在脚下软绵绵的。朗诵时，尝试体会作者当时的触觉感受，想象自己陶醉在海的夜色中。

任务拓展

1. 每人完成一段3分钟的网络购物产品推荐，体会触觉感受在语言表达中的重要作用。要求声音塑造能力强，让观众看了有购买产品的欲望。

2. 搜集能表现触觉感受的作品，录制成3分钟以内的音频节目。

问题思考

触觉感受对于表达作品有什么作用呢？

评价方法

考核表

考核模块	考核内容	考核方式	考核点	分值
（一）知识与技能目标	1. 请说说如何抓住触觉感受。	理论测验	1. 直观地看，认真地感受，充分合理地想象，大胆地联想。	10
	2. 有稿表达：运用触觉感受朗诵《春》； 3. 即兴评述：触觉描述练习。	技能训练	2. 准确分析稿件准确，认真表达作品，展开丰富的联想； 3. 情感表达到位，充分运用触觉感受； 4. 描述和感觉、实物一致； 5. 自然连贯，一气呵成。	20
	4. 每人完成一段3分钟的网络购物产品推荐； 5. 搜集能表现触觉感受的作品，录制成3分钟以内的音频节目。	作品评审	6. 产品介绍描述准确； 7. 语言表达条理清晰； 8. 全面准确地介绍物品性能； 9. 节目完整。	50
（二）过程与方法目标	合作完成节目成品的过程表现。		1. 能够获取、搜集、整理信息，甄选有价值的信息； 2. 能够制订、实施工作计划； 3. 能够分析、发现、解决问题； 4. 具有理论知识的运用能力； 5. 能够及时完成工作任务。	10
（三）情感、态度、价值观目标	出勤纪律、工作态度（违反第一条，10分全无）。		1. 遵守工作纪律，自我约束力强，不迟到、早退、旷课； 2. 有职业道德与社会责任感； 3. 有较强的新闻敏感性，有一定的新闻工作者的人文关怀意识； 4. 语言沟通能力、组织协调能力强，能够与团队成员团结协作，共同完成工作任务； 5. 能够实事求是地完成工作评价，给出合理分值。	10
评分标准：优90—100分，良80—89分，及格60—79分 总分：自我评分（20%）+小组评分（30%）+教师评分（50%）				
改进建议				

任务2.5　空间感受

课前热身（空间思维练习）**：**找出四种物品中与众不同的一个：一本书、一瓶可乐、一根金项链、一台电视机。可以选一本书，因为只有书是纸做的、供人阅读的物品。选一瓶可乐、一根金项链、一台电视机的理由又是什么呢？（说明选择理由，时长2分钟。）

学习目标：熟知并陈述空间感受的含义与作用，掌握空间感受在作品表达中的使用方式，熟练运用空间感受对作品进行准确、鲜明、生动的表达。

案例导入：小薇是电台DJ，台里要她做一档上午播出10分钟的旅游资讯节目。为了不让节目听起来太枯燥，她在直播间想象一边跟几个朋友讨论景点，一边介绍旅游小贴士。节目很受欢迎。这说明小薇在做节目时充分运用了自己的综合感受，尤其是空间感受，调动了听众收听的兴趣。

那么，空间感受对于作品的表达有什么作用呢?

空间感受的作用

通过空间感受，我们不仅能感受到文字和语言的存在，而且能够感受到它们代表的具体的客观事物的存在。播音员主持人只有受之于心，才能将作品表达得淋漓尽致，渐入佳境。在不同的空间体验中，作品可以呈现出多个层次，这是我们在表达作品时必须抓住和理解的。比如："春天像刚落地的娃娃，从头到脚都是新的，它生长着；春天像小姑娘，花枝招展，笑着走着；春天像健壮的青年，有铁一般的胳膊和腰脚，领着我们向前去。"这段描写变换了不同的空间，用不同的主体来形容春天，从刚落地的娃娃到小姑娘，再到青年。文章描写的顺序耐人寻味，写出了不同时段的不同景象。

课堂训练

例稿1.18

这种大茶馆现在已经不见了。在几十年前，每城都起码有一处。

这里卖茶，也卖简单的点心与饭菜。玩鸟的人们，每天在遛够了画眉、黄鸟等之后，要到这里歇歇腿，喝喝茶，并使鸟儿表演歌唱。商议事情的，说媒拉纤的，也到这里来。那年月，时常有打群架的，但是总会有朋友出头给双方调解；三五十口子打手，经调人东说西说，便都喝碗茶，吃碗烂肉面(大茶馆特殊的食品，价钱便宜，做起来快当)，就可以化干戈为玉帛了。总之，这是当日非常重要的地方，有事无事都可以来坐半天。一进门是柜台与炉灶——为省点事，我们的舞台上可以不要炉灶；后面有些锅勺的响声也就够了。屋子非常高大，摆着长桌与方桌，长凳与小凳，都是茶座儿。隔窗可见后院，高搭着凉棚，棚下也有茶座儿。屋里和凉棚下都有挂鸟笼的地方。各处都贴着"莫谈国事"的纸条。

——选自老舍《茶馆》

训练提示：通过空间感受，我们仿佛置身于老舍笔下的大茶馆，看到形形色色的人们在茶馆中来来往往：玩鸟的、商议事情的、说媒拉纤的……一坐就是大半天。茶馆里还有柜台与炉灶，这一切都通过老舍的笔端跃然于读者眼前。朗诵时，要运用空间感受好好琢磨，将其表达得淋漓尽致。

例稿1.19

多么美丽的夏夜呵，晶莹的星星在无际的灰蒙蒙的天宇上闪烁着动人的光芒，蝈蝈、蟋蟀和没有睡觉的青蛙、知了，在草丛中、池塘边、树隙上轻轻唱出抒情的歌曲。而辽阔的田野在静穆的沉睡中，那碧绿的庄稼，那潺潺流动的小河，那弯曲的伸展在黑夜中的土道，那发散着馨香气味的野花和树叶，那浓郁而又清新醉人的空气，再加上这传奇式的革命斗争的生活，都在这不寻常的夜里显得分外迷人，分外给人一种美的感受。

——选自杨沫《青春之歌》

训练提示：这段描写的空间转换十分明显，天宇、草丛、池塘边、树隙、田野、小河等在夏夜呈现出不同的场景，都是迷人而美丽的。朗诵时，要运用空间感受好好体会、想象，用语气和节奏的变换表现出美丽的夏夜。

任务拓展

1. 每人完成5分钟以内的风光专题片的配音视频作业，明确空间感受在语言表达中的重要性。要求声音塑造能力强，准确表达风光专题片的宣传目的和意境。

2. 设计主持词，将课堂训练例稿进行串联，录制成一期音频节目。

问题思考

空间感受对于作品的表达有什么作用呢？

评价方法

考核表

考核模块	考核内容	考核方式	考核点	分值
（一）知识与技能目标	1. 请说说如何抓住空间感受。	理论测验	1. 直观地看，认真地感受，充分合理地想象，大胆地联想。	10
	2. 有稿表达：运用空间感受朗诵《茶馆》； 3. 即兴评述：思维训练。	技能训练	2. 准确分析稿件，认真表达作品，展开丰富的联想； 3. 情感表达到位，充分运用空间感受； 4. 理由充分合理，思维活跃； 5. 联想丰富、表达自然流畅。	20
	4. 每人完成5分钟以内的风光专题片的配音视频作业； 5. 设计主持词，将课堂训练例稿进行串联，录制成一期音频节目。	作品评审	6. 重点段落处理恰当； 7. 基调把握准确； 8. 语言丰富细腻； 9. 节目背景音乐选择恰当。	50
（二）过程与方法目标	合作完成节目成品的过程表现。		1. 能够获取、搜集、整理信息，甄选有价值的信息； 2. 能够制订、实施工作计划； 3. 能够分析、发现、解决问题； 4. 具有理论知识的运用能力； 5. 能够及时完成工作任务。	10

续表

考核模块	考核内容	考核方式	考核点	分值
（三）情感、态度、价值观目标	出勤纪律、工作态度（违反第一条，10分全无）。		1. 遵守工作纪律，自我约束力强，不迟到、早退、旷课； 2. 有职业道德与社会责任感； 3. 有较强的新闻敏感性，有一定的新闻工作者的人文关怀意识； 4. 语言沟通能力、组织协调能力强，能够与团队成员团结协作，共同完成工作任务； 5. 能够实事求是地完成工作评价，给出合理分值。	10
评分标准：优90—100分，良80—89分，及格60—79分 总分：自我评分（20%）+小组评分（30%）+教师评分（50%）				
改进建议				

任务3　融合整体感受

课前热身（想象思维练习）：根据图形○、◎、△即兴组织语言进行表达，唤起想象，做到立意新、角度新、手法新。要求思维敏捷，语言组织能力强，自信连贯，一气呵成，时间不少于2分钟。

学习目标：熟知并陈述整体感受的含义与作用；掌握整体感受在作品表达中的使用方式；熟练运用整体感受对作品进行准确、鲜明、生动的表达。

案例导入：有一名广播节目主持人，风格属于内敛沉着型，后来调到电视台做娱乐新闻的主持人。由于以前在广播电台都是播新闻，到电视台后，她依然沿袭播新闻的方式，结果做样带时总是过不了关。后来她录播节目慢慢进入了状态，问她是如何调整的，她说其实主持的风格是可以改变的：以前播新闻的时候，她在心里设想观众应该是比较成熟、关心时事的人，现在播娱乐新闻，设想观众应该是比较年轻、时尚的人。运用整体感受对受众定位进行调整后，这名主持人很快就找到了播不同节目的状态。

那么整体感受对于作品的表达有什么作用呢？

整体感受不是各具体感受的简单叠加。具体感受和整体感受都以文本为依据，但不可避免地掺和着播音创作主体的感知、认识和修养。在播音创作过程中，具体感受是整体感受的基础，整体感受是具体感受的深化。感受和把握作品的最好方式无疑是整体性的，对作品的审美体验也只有从整体出发才能更好地获得。

融合整体感受是指为获得综合的作品理解而采取的一种以感性为主的学习方式。播音员主持人只有融合整体感受，才能将作品的情感、主旨具体地表达出来。比如："初升的太阳透露出第一道光芒。从未见过这鲜红如此之红，也从未见过这鲜红如此之鲜。刹那间火球腾空，凝眸处彩霞掩映。光影有了千变万化，空间射下百道光柱……"这一段描写有视觉、空间感受，是一种综合整体感受，播音时要体现出渴望阳光、充满希望的感觉。

课堂训练

例稿1.20

我愿意是激流

〔匈牙利〕裴多菲

我愿意是急流，
山里的小河，在崎岖的路上、岩石上经过……
只要我的爱人是一条小鱼，在我的浪花中快乐地游来游去。

我愿意是荒林，
在河流的两岸，面对一阵阵的狂风，勇敢地作战……
只要我的爱人是一只小鸟，在我的稠密的树枝间做巢鸣叫。

我愿意是废墟，
在峻峭的山岩上，这静默的毁灭并不使我懊丧……
只要我的爱人是青青的常春藤，沿着我荒凉的额，亲密地攀缘上升。

我愿意是草屋，
在深深的山谷底，草屋的顶上饱受风雨的打击……
只要我的爱人是可爱的火焰，在我的炉子里愉快地缓缓闪现。

我愿意是云朵，是灰色的破旗，
在广漠的空中，懒懒地飘来荡去，
只要我的爱人是珊瑚似的夕阳，傍着我苍白的脸，显出鲜艳的辉煌。

训练提示：全诗以“河”“荒林”“废墟”“草屋”“云朵”“破旗”来自喻，表达出“我”的朴实、纯真；而“爱人”则是“小鱼”“小鸟”“常春藤”“火焰”“夕阳”，这些事物都是可爱的、柔美的。这首诗通过巧妙的意象，反复咏唱对爱情的坚贞与渴望。朗诵时，要充分调动我们的整体感受，将诗人朴实而深切的情感表达出来。

例稿1.21

绿（节选）

朱自清

梅雨潭闪闪的绿色招引着我们；我们开始追捉她那离合的神光了。揪着草，攀着乱石，小心探身下去，又鞠躬过了一个石穹门，便到了汪汪一碧的潭边了。瀑布在襟袖之间；但我的心中已没有瀑布了。我的心随潭水的绿而摇荡。那醉人的绿呀，仿佛一张极大极大的荷叶铺着，满是奇异的绿呀。我想张开两臂抱住她；但这是怎样一个妄想呀。——站在水边，望到那面，居然觉着有些远呢！ 这平铺着，厚积着的绿，着实可爱。她松松的皱缬着，像少妇拖着的裙幅；她轻轻的摆弄着，像跳动的初恋的处女的心；她滑滑的明亮着，像涂了"明油"一般，有鸡蛋清那样软，那样嫩，令人想着所曾触过的最嫩的皮肤；她又不杂些儿尘滓，宛然一块温润的碧玉，只清清的一色——但你却看不透她！我曾见过北京什刹海拂地的绿杨，脱不了鹅黄的底子，似乎太淡了。我又曾见过杭州虎跑寺旁高峻而深密的"绿壁"，丛叠着无穷的碧草与绿叶的，那又似乎太浓了。其余呢，西湖的波太明了，秦淮河的也太暗了。可爱的，我将什么来比拟你呢？我怎么比拟得出呢？大约潭是很深的、故能蕴蓄着这样奇异的绿；仿佛蔚蓝的天融了一块在里面似的，这才这般的鲜润呀。——那醉人的绿呀！我若能裁你以为带，我将赠给那轻盈的舞女；她必能临风飘举了。我若能挹你以为眼，我将赠给那善歌的盲妹；她必明眸善睐了。我舍不得你；我怎舍得你呢？

训练提示：朗诵这篇作品时，要充分融合整体感受，"我"完全沉浸于梅雨潭的美景之中，甚至呈现出一种忘乎所以的状态。"闪闪"二字凸显出梅雨潭之特色，至于"揪""攀"二字，则体现出作者期盼快点见到梅雨潭的急切之情。"那醉人的绿呀"让人联想到一张如网般的荷叶铺在水面上是怎样的情景，其实就是突出一个字——绿。作者写北京什刹海拂地的绿杨的"淡"、杭州虎跑寺"绿壁"的"浓"、西湖波的"明"、秦淮河的"暗"，全都是为了凸显梅雨潭的"绿"。梅雨潭的"绿"鲜润而令人沉醉，表达时要将这些情感用不同的语气、节奏细腻地体现出来。

任务拓展

1. 每人完成5分钟以内的动画片片段配音，要求用声音将角色塑造得栩栩如生，让角色生动起来。

2. 设计主持词，将课堂训练例稿串联成一期音频节目。

问题思考

整体感受对于作品的表达有什么作用呢？

评价方法

考核表

考核模块	考核内容	考核方式	考核点	分值
（一）知识与技能目标	1. 请说说如何融合整体感受。	理论测验	1. 直观地看，仔细地听，认真地感受，充分合理地想象，大胆地联想。	10
	2. 有稿表达：运用整体感受朗诵《我愿意是急流》； 3. 即兴评述：想象思维训练。	技能训练	2. 准确分析稿件，认真表达作品，展开丰富的联想； 3. 情感表达到位，充分融合整体感受； 4. 想象合理，立意新、角度新、手法新； 5. 语言流畅。	20
	4. 每人完成5分钟以内的动画片片段配音； 5. 设计主持词，将课堂训练例稿串联成一期音频节目。	作品评审	6. 重点段落处理恰当； 7. 角色把握准确； 8. 角色语言刻画能力强； 9. 节目配乐恰当合理。	50
（二）过程与方法目标	合作完成节目成品的过程表现。		1. 能够获取、搜集、整理信息，甄选有价值的信息； 2. 能够制订、实施工作计划； 3. 能够分析、发现、解决问题； 4. 具有理论知识的运用能力； 5. 能够及时完成工作任务。	10
（三）情感、态度、价值观目标	出勤纪律、工作态度（违反第一条，10分全无）。		1. 遵守工作纪律，自我约束力强，不迟到、早退、旷课； 2. 有职业道德与社会责任感； 3. 有较强的新闻敏感性，有一定的新闻工作者的人文关怀意识； 4. 语言沟通能力、组织协调能力强，能够与团队成员团结协作，共同完成工作任务； 5. 能够实事求是地完成工作评价，给出合理分值。	10
评分标准：优90—100分，良80—89分，及格60—79分。 总分：自我评分（20%）＋小组评分（30%）＋教师评分（50%）				
改进建议				

模块二　播音时的情感运用

项目一　对象感的建立

任务1　理论概要

课前热身（物品描述练习）：以网络购物节目的形式，根据不同的对象（老人、年轻人、小朋友）介绍产品的不同特点（以主播的身份完成时长3分钟的产品推荐，要求语言流畅、表达准确）。

学习目标：明确对象感在播音主持中的作用；掌握获取对象感的有效方法。

案例导入：在《鲁豫有约》《天天向上》等节目中，主持人在与台上嘉宾交流的同时，不忘与台下观众进行互动。优秀的播音员主持人会时刻与受众进行真诚的情感交流。当面前没有受众的时候，他们就想象受众的存在，想象受众的反应、感受，建立对象感。

一、什么是对象感

对象感是播音员主持人设想和感觉到交流对象的存在和他们的反应，从感觉上意识到受众的心理、要求、愿望、情绪等，并由此调动自己的思想感情，使之处于运动状态。

苏联戏剧家斯坦尼斯拉夫斯基说："没有对象，这些话就不可能使自己和听的人都相信有说出的实际必要。"的确，各种节目的播音员主持人都需要建立对象感。

二、对象感的作用

有了对象感，我们说话、表达感情才有目标，才能更具体、更真实地引起或者感受到对方的回应。让我们感觉到他们的确在听、在想，反过来也让我们的感情更具体、真实、饱满，播讲愿望更强烈，从而摆脱"播音腔""书面腔"。感情呆板、平淡的播音主持与缺乏对象感有很大关系。

三、如何建立对象感

对象的设想，必须从质和量两方面进行，质的方面是最根本的。

量的方面是指性别、年龄、职业、人数等对象的一般情况。

质的方面是指环境、气氛、心理、素养等对象的个性情况。

对象感使我们主持节目时思想感情一直处于运动状态，从中流露出与设想的对象相符合的态度、语气、眼神、姿态。备稿时，播音员主持人要完成对具体对象的设想；主持节目时，具体对象就要在感觉上出现。如果对象感时断时续，甚至消失，播音员主持人就会“心中无人”，影响节目的感染力。

课堂训练

例稿2.1

追风筝的人（节选）

又过了十五分钟，只剩下我和另外一个家伙了，那只蓝风筝。

局势紧张得如同我流血的手拉着的那条玻璃线。人们纷纷顿足、拍掌、尖叫、欢呼。“干掉它!干掉它!”但我所能听到的——是脑袋里血液奔流的声音。我不知道其他家伙斗风筝是为了什么，也许只是为了在人前吹嘘吧。但于我而言，这是唯一的机会，让我可以成为一个被注目而非仅仅被看到，被聆听而非仅仅被听到的人。我一拉线，就能割断我的痛苦，割断我的渴求，割断我的渴求，我业已忍耐得太久，业已走得太远。刹那之间，就这样，我信心十足。我会赢，这只是迟早的问题。

结果比我预想得要快。一阵风拉升了我的风筝，我占据了有利的位置。蓝风筝知道自己麻烦来了，它绝望地使出各种花招，试图摆脱险境，但我不会放过它，我稳住位置。人群知道胜负即将揭晓。“干掉它！干掉它！”的齐声欢呼越来越响。

那一刻来临了。我合上双眼，松开拉着线的手。寒风将风筝拉高，线又在我手指割开一个创口。接着……不用听人群欢呼我也知道，哈桑抱着我的脖子，不断尖叫：“太棒了！太棒了，阿米尔少爷！”

然后我高声尖叫，一切都是那么色彩斑斓，那么悦耳动听，一切都是那么鲜活，那么美好。

这是真的吗？我体验到有生以来最棒的一刻。

（选自卡勒德·胡塞尼《追风筝的人》）

问题思考

1. 什么是对象感?

2. 如何建立对象感?

任务2 寓言、童话演播的对象感

课前热身:

猴子们七嘴八舌地叫起来:“吃西瓜吃皮!吃西瓜吃皮!”“吃西瓜吃皮?”“嗯……对!吃西瓜一定是吃皮的……”

对以上句子做表达练习,要求用不同的语调和语气(至少3种)结合情境表达。

学习目标: 熟知并陈述对象感的含义及其在寓言、童话演播中的作用,掌握获得寓言、童话演播对象感的方法,熟练运用对象感演播寓言、童话。

案例导入: 小丽是某电视台的少儿节目主持人,她的《妙妙故事屋》节目深受小朋友的喜欢,节目的收视率一直居高不下。

那么,小丽是如何掌握小朋友的心理,合理运用对象感的呢?

一、寓言、童话演播

寓言是用假托的故事或自然物的拟人手法来说明某个道理或教训的文学作品,常带有讽刺或劝诫的性质,一般较短小、精练。如《孔融让梨》《自相矛盾》《画蛇添足》《亡羊补牢》《农夫和蛇》等。

童话是儿童文学的一种体裁,通过丰富的想象、幻想和夸张来编写适合儿童欣赏的故事,情节曲折神奇、引人入胜,既有短篇也有长篇。如《神笔马良》《宝葫芦的秘密》《小布头奇遇记》《海的女儿》《灰姑娘》等。童话故事主要是写给儿童的,主旨是教人勇敢、热情、善良、乐观,反对卑鄙、怯懦、邪恶、虚伪。不过,有童心的成年人同样能够在童话故事中找到快乐。

寓言的说理性强,童话的故事性强。

寓言、童话演播是通过有声语言对故事的艺术体现或再现。演播时,在把握作品内涵的基础上,要求形象感强,情感性强,具体生动,形神兼备,活灵活现。

二、寓言、童话演播的对象感

按照备稿六步要求进行准备,在内心产生浓厚的兴趣、强烈的演播欲。

设想是讲给谁听的,对象的性别、年龄、人数、场地、环境等。

演播时,要想象受众的反应、变化,他们是否会随着你的表达而喜悦、愤怒、悲伤、欢乐。

演播时，始终要全神贯注、全情投入。

寓言的演播对象可以是不同年龄的人群；童话作为儿童文学作品，演播对象主要是少年儿童。

课堂训练

例稿2.2

猴吃西瓜（节选）

小毛猴眨巴眨巴眼睛，挠了挠腮说："我知道，吃西瓜是吃瓤！"

"不对！小毛猴说得不对！"短尾巴猴跳起来说，"我小时候跟妈妈去姥姥家，吃过甜瓜，吃甜瓜就是吃皮。我想，这甜瓜也是瓜，西瓜也是瓜，吃西瓜嘛，当然也是吃皮咯。"

这时候，大伙争执起来，有的说吃西瓜吃皮，有的说吃西瓜吃瓤。可争了半天，也没争出个结果，于是都不由地把目光集中到一只老猴的身上……

老猴认为出头露面的机会来了，它捋了捋胡子，清了清嗓子说："这吃西瓜嘛，当然……当然是吃皮咯。我从小就爱吃西瓜，而且……而且一直都是吃皮的。我想，我之所以长寿，就是因为吃了这西瓜皮的缘故……"

大伙都欢呼起来："对！吃西瓜吃皮！吃西瓜吃皮！"

训练提示：首先设想你演播的这个故事的受众是谁，想象他们都在聚精会神地听。你要把他们带到故事的情节里，时刻感受和想象他们听故事的反应，你的注意力一定不要脱离他们。只有这样，那个直率的"小毛猴"、自以为是的"短尾巴猴"、迂腐的"老猴"和那些随声附和的小猴的形象才能活灵活现地表现出来。

例稿2.3

一头学问渊博的猪（节选）

八哥说："你说的这些都是图书馆外面的事，那里面的情况你也了解吗？"

"里面？"这头学识渊博的猪说，"那我再清楚不过了。里面无非是一些简单的木架子，上面堆满了各种各样的书。"

"你对那些书了解吗？"八哥问。

"怎么不了解呢？"这位渊博的学者说，"那是最没意思的了。它们既没有什么香味，也没什么臭味，我咀嚼过好几本，干巴巴的，连一点水分也没有。”

“算了吧，我的学者！”八哥说，“一张从垃圾堆里啃烂萝卜的嘴巴，来谈论书本上的事是不相宜的，你还是去啃你的烂萝卜吧！”

训练提示：演播这个寓言故事时，要生动地塑造出一头愚昧无知而又自作聪明的猪的形象。要想演播得生动、精彩，一定要把观众装在心里，吸引他们和你一起进入这个故事的情节中。

任务拓展

1. 下载一段动画片视频，为其中的人物配音，参加人数根据动画片内容自定，时长5分钟左右。

2. 选一个你喜欢的寓言故事，设计并主持一期电台节目。

问题思考

1. 对象感的作用是什么?

2. 寓言、童话演播怎样建立对象感?

评价方法

考核表

考核模块	考核内容	考核方式	考核点	分值
(一)知识与技能目标	1. 正确理解对象感。	理论测验	1. 设想和感觉交流对象以及他们的反应，使自己的思想感情处于运动状态。	10
	2. 有稿表达《猴吃西瓜》《一头学问渊博的猪》片段； 3. 即兴评述：物品描述练习。	技能训练	2. 演播忘我、投入； 3. 人物刻画活灵活现、引人入胜； 4. 对象特征清晰准确； 5. 语言流畅，表达准确。	20
	4. 下载一段动画片视频，为其中的人物配音，参加人数根据动画片内容自定，时长5分钟左右； 5. 选一个你喜欢的寓言故事，设计并主持一期电台节目。	作品评审	6. 音视频清晰，时长适中； 7. 角色语言真实生动、自然流利； 8. 角色个性特点表现准确。	50
(二)过程与方法目标	合作完成节目成品的过程表现。		1. 能够获取、搜集、整理信息，甄选有价值的信息； 2. 能够制订、实施工作计划； 3. 能够分析、发现、解决问题； 4. 具有理论知识的运用能力； 5. 能够及时完成工作任务。	10
(三)情感、态度、价值观目标	出勤纪律、工作态度(违反第一条，10分全无)。		1. 遵守工作纪律，自我约束力强，不迟到、早退、旷课； 2. 有职业道德与社会责任感； 3. 有较强的新闻敏感性，有一定的新闻工作者的人文关怀意识； 4. 语言沟通能力、组织协调能力强，能够与团队成员团结协作，共同完成工作任务； 5. 能够实事求是完成工作评价，给出合理分值。	10

续表

考核模块	考核内容	考核方式	考核点	分值
评分标准：优90—100分，良80—89分，及格60—79分 总分：自我评分（20%）+小组评分（30%）+教师评分（50%）				
改进建议				

任务3 新闻播音的对象感

课前热身（类比思维训练）：谈谈晴天、雨天、阴天给你带来的情绪的变化。（注意将自然现象的特点和自己的不同感受紧密相连，每人说话不少于3分钟。）

学习目标：熟知并陈述新闻播音对象感的含义及其在新闻播音中的作用，掌握建立新闻播音对象感的方法，熟练运用对象感进行新闻播音。

案例导入：央视著名新闻播音员康辉、宝晓峰等，给我们留下了亲切、热情、自然、大方的印象。他们的眼神、感情、语气让我们觉得非常真实、亲切。他们是怎样练出来的？窍门在哪儿呢？答案是：他们准确掌握了新闻播音的对象感。

那么，新闻播音如何建立对象感呢？

一、什么是新闻播音的对象感

新闻播音员在“目中无人”的同时，要努力做到“心中有人”，也就是要对受众进行具体设想，从感觉上把握受众的存在，并时时与受众有感情的呼应。这就是新闻播音的对象感。

有人觉得，新闻播音是严肃的、刻板的，不需要什么情感，这就错了。新闻播音员播音时，同样要找到真挚而丰富的情感依托。

二、新闻播音对象感的作用

新闻播音对象感的作用就是使单向的表达变成“对象化”的真实感受，播音员熟练掌握了这项技巧，只要往话筒或镜头前一坐，便能精神焕发、双目有神，强烈的播讲欲望油然而生。只有这样的新闻播音创作才能达到吸引人、感动人、说服人的理想效果。

有了对象感，还可以缓解播音员在新闻播音中的紧张情绪，使播音创作从容镇定、不慌乱，也能把一些杂念、干扰抛于脑后。

三、怎样建立新闻播音对象感

好听的声音、伶俐的口齿、流畅的语言是新闻播音必不可少的基本功,可只有这些还不够。走上主播台,面对话筒或镜头,播音员必须时刻想象和感受到受众的反应和情绪变化。只有把他们真正装到心里,才能让自己的内心情感真实、丰富起来,充满“人情味”。

具体来讲要注意以下几点。

首先,在分析理解新闻稿件的基础上,设想具体对象:一是在什么环境、气氛中,什么对象在收看,包括他们的愿望、要求、心情等;二是设想对象的年龄、性别、职业、人数等。

然后,设想对象必须是自己熟悉的,同时又符合稿件要求,不能天马行空地想象。

最后,要下意识地感觉到设想对象的存在,与设想对象有情感上的呼应。

课堂训练

例稿2.4

政府投建项目严禁向农民摊派

国务院办公厅日前下发《关于进一步做好减轻农民负担工作的意见》。意见要求,严格管理涉农收费和价格,严禁向农民“搭车”收费或摊派各种费用。

意见还具体要求,禁止按学期向学生收餐费,禁止向村级组织摊派教师工资和活动经费。村级组织不得擅自向农民收费、罚款。同时,逐步加大主要党报党刊向村级组织免费赠阅的力度。

对各级部门实施的建设项目,应由政府投入的,不得向农民和村级组织摊派。

对向农民、村级组织和农民专业合作社违规违纪收取的各种款项,坚决予以退还;对违规使用的农民劳务,按当地工价标准给予农民合理补偿;对擅自出台、设立涉及加重农民负担的文件和收费项目、建设项目,坚决予以撤销;对擅自提高的收费标准,坚决予以降低。

训练提示:怎样播好这条新闻呢?先来看看这条新闻主要播给谁听。对,是农民。他们不少人生活还不富裕,甚至困难。你心中有了他们,就有了感情,播音的对象明确了,播音的愿望就强烈了。同时应注意,播报时具体内容必须清楚、明了。

任务拓展

1. 下载至少5条新闻视频,为其做新闻配音,然后制作一期完整的新闻节目。

2. 编辑新闻内容，录制一期5分钟的广播新闻节目。

问题思考

1. 什么是新闻播音的对象感?
2. 如何建立新闻播音的对象感?

评价方法

考核表

考核模块	考核内容	考核方式	考核点	分值
(一) 知识与技能目标	1. 正确理解为什么新闻播音需要对象感。	理论测验	1. 感觉受众的存在，把握新闻播音的对象感。	10
	2. 有稿表达：《政府投建项目严禁向农民摊派》； 3. 即兴评述：类比思维训练。	技能训练	2. 建立对象意识，体现对稿件内容的深刻理解； 3. 播报叙事清楚、新鲜感强； 4. 自然流畅、联系紧密； 5. 对象特点准确无误，感受自然；	20
	4. 下载至少5条新闻视频，为其做新闻配音，然后制作一期完整的新闻节目； 5. 编辑新闻内容，录制一期5分钟的广播新闻节目。	作品评审	6. 音视频清晰； 7. 不少于5条新闻； 8. 配音清晰、流畅； 9. 对象感明确。	50
(二) 过程与方法目标	合作完成节目成品的过程表现。		1. 能够获取、搜集、整理信息，甄选有价值的信息； 2. 能够制订、实施工作计划； 3. 能够分析、发现、解决问题； 4. 具有理论知识的运用能力； 5. 能够及时完成工作任务。	10
(三) 情感、态度、价值观目标	出勤纪律、工作态度（违反第一条，10分全无）。		1. 遵守工作纪律，自我约束力强，不迟到、早退、旷课； 2. 有职业道德与社会责任感； 3. 有较强的新闻敏感性，有一定的新闻工作者的人文关怀意识； 4. 语言沟通能力、组织协调能力强，能够与团队成员团结协作，共同完成工作任务； 5. 能够实事求是地完成工作评价，给出合理分值。	10
评分标准：优90—100分，良80—89分，及格60—79分 总分：自我评分（20%）+小组评分（30%）+教师评分（50%）				
改进建议				

项目二 情景再现

任务1 理论概要

课前热身(词语联想练习):选择最能表现爱恨情仇的成语,联想并描述与成语相关的某一事件,通过声音的弹性变化,表现出情感色彩来。(要求用声音生动形象地描绘出符合词义的情境。)

学习目标:熟知并表述情景再现的定义;体会情景再现与声音弹性的关系,掌握情景再现的方法。

案例导入:

凉州词

〔唐〕王翰

葡萄美酒夜光杯,欲饮琵琶马上催。
醉卧沙场君莫笑,古来征战几人回?

全诗描写了荒凉边塞的一次欢宴,描摹征人开怀痛饮的场面。首句用语绚丽优美,音调清越悦耳,显出气派的场面;第二句用"欲饮"两字,进一步描写热烈场面,着意渲染气氛。第三、四句写征人互相酌酒劝饮,尽情尽致,乐而忘忧,豪放旷达。清代施补华评说这首诗:"作悲伤语读便浅,作谐谑语读便妙,在学人领悟。"

为什么"作悲伤语读便浅"呢?因为它不是在宣扬战争的可怕,也不是表现对戎马生涯的厌恶,更不是对生命不保的哀叹。让我们回过头去看看那欢宴的场面吧:耳听着阵阵欢快、激越的琵琶声,将士们兴致飞扬,你斟我酌。一阵痛饮之后,醉意一片。也许有人想放杯了吧,这时似有人高呼:"怕什么?醉就醉吧,就是醉卧沙场,也请诸位莫笑,古来征战几人回,我们不是早将生死置之度外了吗?""醉卧沙场",表现出来的不仅是豪放、兴奋的感情,还有视死如归的勇气。

可以尝试用不同的感情色彩、不同的声音弹性朗诵这首诗,体会声音塑造文字的魅力——表达形式最终要为内容和主题服务。

一、什么是情景再现

播音员主持人以稿件内容为依据，展开想象和联想，使稿件中的人物、事件、情节、场面、景物、情绪……在自己的脑海里不断浮现，形成连续的活动画面，并不断引发相应的态度、感情，这个过程就是情景再现。

二、如何实现情景再现

理清头绪、设身处地、触景生情、现身说法。

例稿2.5

暴风咆哮着，几次的，他都要被吹下深谷，大雨倾盆，险恶的岩石又光又滑，使他寸步难行，冰雹夹着细砂，无情地向他猛扑。他的头上、脸上，已开始流血了，但他一点也不气馁，他匍匐前进，把普罗美秀斯拉上来。

——选自柏杨《天涯故事》

训练提示：想象恶劣的环境中，他不顾危险、毫不气馁地拉人的情景。

例稿2.6

大雨由倾盆而瀑布。最初，还间或有几个晴天，几个月后，便接连着一直下起来了。太阳隐藏在天空一角。大地上昏暗如夜，一片凄凉。海被填满了，雨势不但没有稍减的趋势，反而落得更加凶猛，海水倒灌回平原，淹没了田野和丘陵。

——选自柏杨《天涯故事》

训练提示：想象瀑布般大雨落下的情景，体会大雨、大地、大海的具体视觉感受。

例稿2.7

兴奋的旅游者们纷纷从客舱出来，挤满船舷，向我们挥手呼喊，我们也向他们挥手致意。我站在外面用望远镜细看那些无忧无虑、神情愉快的男男女女。一个穿猩红色连衣裙的女孩出现在我的视野。她最热情洋溢，又笑又跳又招手，久久吸引住我的视线，直到客轮远远抛在后面。

——选自王朔《空中小姐》

训练提示：想象看到了刚从客舱出来的兴奋的游客们，还有一位特别热情洋溢的女孩，你被她久久吸引着。

例稿2.8

一根蜘蛛网丝在空中拉好了:一头拴在图钉上,另一头拴在对面墙的一颗小钉子上。小蜘蛛在细细的蛛丝上工作着,她要把这根丝加粗一些。这根丝是网的“地基”。

——选自郑渊洁《童话全集》

训练提示:认真体会、想象小蜘蛛在空中织网的动作和路线。

例稿2.9

皮皮鲁走进妹妹的房间,什么吓人的事也没有呀!鲁西西把皮皮鲁叫到壁柜跟前,对他说:“你拉开门看看。”皮皮鲁大模大样地拉开壁柜的门,不禁“啊”地叫了一声,紧接着倒吸了一口凉气。

壁柜里的墙壁上出现了一个黑乎乎的大洞,洞口是长方形的,洞里一阵阵地往外喷射着寒气。

——选自郑渊洁《童话全集》

训练提示:体会寒气带来的恐惧感,想象当你打开熟悉的壁柜,里面却有一个黑乎乎的大洞的惊骇感。

课堂训练

例稿2.10

梦游天姥吟留别

〔唐〕李　白

海客谈瀛洲,烟涛微茫信难求;
越人语天姥,云霞明灭或可睹。
天姥连天向天横,势拔五岳掩赤城。
天台四万八千丈,对此欲倒东南倾。

我欲因之梦吴越,一夜飞渡镜湖月。
湖月照我影,送我至剡(shàn)溪。
谢公宿处今尚在,渌水荡漾清猿啼。
脚著谢公屐,身登青云梯。
半壁见海日,空中闻天鸡。

千岩万转路不定，迷花倚石忽已暝。

熊咆龙吟殷岩泉，栗深林兮惊层巅。
云青青兮欲雨，水澹澹（dàn）兮生烟。
列缺霹雳，丘峦崩摧。
洞天石扉，訇（hōng）然中开。
青冥浩荡不见底，日月照耀金银台。
霓为衣兮风为马，云之君兮纷纷而来下。
虎鼓瑟兮鸾回车，仙之人兮列如麻。
忽魂悸以魄动，怳惊起而长嗟。
惟觉时之枕席，失向来之烟霞。

世间行乐亦如此，古来万事东流水。
别君去兮何时还？且放白鹿青崖间。须行即骑访名山。
安能摧眉折腰事权贵，使我不得开心颜！

训练提示：

一幅幅瑰丽变幻的奇景：天姥山隐于云霓明灭之中，引起了诗人强烈的探求愿望。诗人进入了梦幻之中，仿佛在月夜清光的照引下，飞渡镜湖。明月把他的影子映照在镜湖之上，送他降落在谢灵运曾经歇宿过的地方。诗人穿上谢公当年穿的木屐，登上谢公当年攀过的石径——青云梯，看到海日升空、天鸡高唱……这本是一片曙色，诗人却又于迷花倚石之中，忽觉暮色降临。暮色中熊咆龙吟，震响山谷，浩瀚林海为之战栗，层林之巅为之惊动……

这奇异的境界，已经够使人惊异了，但诗人并未止笔，诗境由奇异转入荒唐，全诗也进入高潮。在令人惊悚不已的幽深暮色之中，霎时间“丘峦崩摧”，一个神仙世界“訇然中开”，洞天福地，于此出现。云里的神仙披彩虹为衣，驱长风为马，奔赴仙山的盛会来了。这是多么盛大而热烈的场面！仙山的盛会正是人世间生活的反映，这里除了有诗人长期漫游万壑千山的印象，也有长安三年宫廷生活的印迹。这一切通过诗人浪漫主义的非凡想象凝聚在一起，显现出辉煌灿烂、气象万千的图景。

朗诵时，要通过声音大小强弱、虚实明暗、高低变化，把景色的奇崛瑰丽展现出来，把李白蔑视权贵、不卑不屈的旷世情怀尽情地抒发出来。

任务拓展

1. 自选古诗文，制作成鉴赏类广播节目。
2. 搜集表达喜、怒、哀、思、悲、恐、惊等各种情绪的诗文，进行小组内的诗文朗诵比赛。

问题思考

如何在诗歌训练中达到寓情于景、情景交融、声情并茂、栩栩如生的效果呢？

任务2 诗歌、散文朗诵的情景再现

课前热身（情景回忆练习）：回忆这一年来最让你开心和最让你伤心的事情分别是什么，把事情的起因、经过、高潮、结果告诉大家。（要求叙述完整、有条理，通过回忆和联想将当时的情景用语言生动地描绘出来。）

学习目标：掌握情景再现的方法及步骤，熟练运用情景再现的方法朗诵诗歌、散文。

案例导入：刘雪同学的普通话水平已经达到一级乙等，她朗读的《海滨仲夏夜》字正腔圆，声韵调准确，无加减错漏字，符合测试规范。但是她疑惑为什么没有达到一级甲等呢？播音专业老师指出：朗诵不能止于"见字发声"、自我陶醉，要能再现作品的画面和情景，做到声情并茂、情景交融。

那么，什么是情景再现？怎样才能做到快速情景再现呢？

一、情景再现的方法及步骤

第一步：理清头绪。脑海里展开连续活动的画面。脉络怎样、重点在哪、详略如何，都要心中有数。

第二步：设身处地。通过想象，将自己置身于稿件描述的情景中，获得现场感，感到"我就在"。

第三步：触景生情。这是情景再现的核心。播读时特别强调内心积极的反应，要做到一个具体的"景"的刺激，马上能引起具体的"情"，而且要符合文本的要求。这是在刹那间受到眼前文字的触动而引起的联想或产生的某种感情。

第四步：现身说法。当内心情感积累到一定程度时，就要把自己亲眼所见、亲耳所闻、亲身所历的情景再现给受众，从而感染受众。

以上四步并非界限分明，而是紧密联系的，常常你中有我，我中有你。总之，要把自己的思想感情全部调动起来。

二、如何做到快速情景再现

诗歌、散文的文字是作者的"妙笔生花"，有声语言艺术是我们用声音"升华"文字。文字变成声音不是简单地念出来，而是经过一系列的准备、感受、酝酿，让自己的思想感情处于运动状态，再利用声音的多种表达技巧形成色彩丰富、变化自如的表达。如果内心视像没有随着稿件文字产生变化，缺乏相应的态度和感情，声音就会"干巴巴"的。

朗诵者在理解和默念诗歌、散文时，不但要感受到其中的形象（景），也要感受到其中的神采（情），从而达到情景交融的境界。这种方法就像在脑子里“过电影”，让平面的文字变得立体鲜活，让感受变得生动具体。

情景再现是调动情感的方法，备稿时，我们可以对文字内容展开细致的想象，甚至“浮想联翩”。但真正播读时，我们不必再细致地展开想象，只要让情景稍加显露即可，重要的是快速唤起准备文本时的具体感受和触动心灵的那个“点”。

课堂训练

例稿2.11

母　爱

西部一个极度缺水的沙漠地区。这里，每人每天的用水量只有三斤，饮用、洗漱、洗菜、洗衣，包括喂牲口，全都依赖这三斤珍贵的水。这些水还得靠驻军从很远的地方运来。

人缺水不行，牲畜也一样。终于有一天，一头向来温顺的老牛挣脱了缰绳，闯到运水车必经的公路旁。运水的军车来了，老牛迅速冲上公路。司机紧急刹车，停了下来。老牛立在车前，任凭司机怎么呵斥驱赶，它就是不肯挪动半步。五分钟过去了，十分钟过去了，双方仍然僵持着。运水的战士以前也碰到过牲口拦路索水的情形，但它们都不像这头牛这般倔强。人和牛就这样对峙着，性急的司机反复按响喇叭，可老牛仍然一动不动。

后来，牛的主人来了。恼怒的主人扬起长鞭，狠狠地抽打瘦骨嶙峋的老牛。牛被打得哀哀叫唤，但还是不肯让开。它凄厉的叫声，和着沙漠中阴冷的风，显得分外悲壮。一旁的运水战士哭了，司机也哭了。最后，运水的战士说：“就让我违反一次规定吧，我愿意接受一次处分。”他从水车上取出半盆水，放在牛面前。

出人意料的是，老牛没有喝水，而是对着夕阳，仰天长哞，似乎在呼唤什么。不远的沙堆背后跑来一头小牛。老牛慈爱地看着小牛贪婪地喝完水，伸出舌头舔舔小牛的眼睛，小牛也舔舔老牛的眼睛。静默中，人们看到了母子眼中的泪水。没等主人吆喝，它们掉转头，在一片寂静中慢慢地往回走去。

训练提示：

第一步：理清头绪。文章有三个层次：（1）当地缺水极其严重；（2）老牛挡住了送水车的路，主人用长鞭抽打；（3）老牛把以死抗争得来的水给小牛喝。三个层次有情有景，尤其最后一层是文章的核心。

第二步:设身处地。三斤水,只有三瓶500毫升矿泉水那么多,联系自己日常的用水情况,可知当地缺水的严重程度。试着把文章在脑海中演绎为电影画面,仿佛置身于故事发生的现场,真切体验整个故事的气氛。

第三步:触景生情。决定播读水平高低的恰恰是我们用什么样的感情色彩与态度再现故事画面。

第四步:现身说法。前三步的准备,让我们自然地从情感的角度出发,歌颂老牛无私的母爱;从情感升华的角度出发,感谢所有母亲对孩子无怨无悔的付出。从小爱上升到大爱,情感呼之欲出。随着脑海中情景的反复出现,我们把"过电影"变成有声语言的表达,听众一定会跟着一起进入故事情景之中。

例2.12

路

曾林祥

路哇,没有尽头的路——

路,世界上有各种各样的路:大路小路,弯路直路,公路铁路,山路水路,沙路石路……纵横交错。路把高山和河流联结在一起,路把村庄和田野联结在一起,路的花纹镶遍了祖国的大地,使江山更添锦绣,使人生充满活力。

路,有平坦的,有险阻的。平坦的路上,留下了开拓者艰辛的足迹;险阻的路,也拦不住勇敢者前进的脚步!

谁说山间没有路?抓着草根,攀着古藤,抠着石缝,勒着石棱,一步步,一寸寸,爬着攀着,攀着爬着,跳涧越崖,向大自然迈开阔步!前面是理想的山巅,努力吧,朋友,无限风光在险峰!

山顶上看来没有路了,然而,天上还有路。是的,天上还有路!鹰不就是在云天拓路吗?

训练提示:

对"各种各样的路"的表达,声音造型应该不一样。第二段"锦绣""活力"要发重音,状态积极,想象美好的家园。第三、四段,"平坦——艰辛""险阻——前进"要读得对比鲜明,轻重得宜。"一步步,一寸寸,爬着攀着,攀着爬着",咬字处理要重而慢,体现出艰苦的过程。"跳涧越崖,向大自然迈开阔步!"要读得豪迈。

"鹰不就是在云天拓路吗?"脑海中可以浮现出中国航天员挥舞着五星红旗探索太空的画面。

对于比喻性强的诗歌、散文来说,联想是"情景再现"的高级手段。不同的人知识背景、经历千差万别，情景再现的能力差异很大，能想象出“雄鹰飞翔”的样子已经合格，如果能够任由思想驰骋，联想到宇航员进入太空，开拓中国人的太空之路，豪迈之情油然而生，效果更好。

任务拓展

1. 把《路》制作成音频作品。

2. 模仿现有的电视散文类节目，设计主持词，搜集以“春色”为主题的散文，制作成5分钟以内的音频节目。

问题思考

1. 情景再现的方法及步骤是什么?

2. 朗诵诗歌、散文的时候如何做到快速情景再现?

评价方法

考核表

考核模块	考核内容	考核方式	考核点	分值
（一）知识与技能目标	1. 诗歌、散文情景再现的方法。	理论测验	1. 想象、联想。	10
	2. 有稿表达：运用情景再现方法，朗诵例稿《母爱》； 3. 即兴评述：情景回忆练习。	技能训练	2. 理清头绪； 3. 触景生情； 4. 情景再现真实、自然； 5. 内容完整、有条理，语言生动；	20
	4. 把《路》制作成音频作品； 5. 模仿现有的电视散文类节目，设计主持词，搜集以“春色”为主题的散文，制作成5分钟以内的音频节目。	作品评审	6. 按照训练提示处理稿件； 7. 基调把握准确； 8. 音频节目完整； 9. 节目配乐恰当合理。	50
（二）过程与方法目标	合作完成节目成品的过程表现。		1. 能够获取、搜集、整理信息，甄选有价值的信息； 2. 能够制订、实施工作计划； 3. 能够分析、发现、解决问题； 4. 具有理论知识的运用能力； 5. 能够及时完成工作任务。	10
（三）情感、态度、价值观目标	出勤纪律、工作态度（违反第一条，10分全无）。		1. 遵守工作纪律，自我约束力强，不迟到、早退、旷课； 2. 有职业道德与社会责任感； 3. 有较强的新闻敏感性，有一定的新闻工作者的人文关怀意识； 4. 语言沟通能力、组织协调能力强，能够与团队成员团结协作，共同完成工作任务； 5. 能够实事求是地完成工作评价，给出合理分值。	10

续表

考核模块	考核内容	考核方式	考核点	分值
评分标准:优90—100分,良80—89分,及格60—79分 总分:自我评分(20%)+小组评分(30%)+教师评分(50%)				
改进建议				

任务3 专题片配音的情景再现

课前热身(形象思维训练):介绍你所在地方的四季,运用情景再现回忆四季的特点、人的感受、景色的变化,等等。(要求语言流畅、观点鲜明、表述准确,时长3分钟。)

学习目标:熟知并能表述情景再现的内涵,掌握情景再现需要注意的问题,熟练运用情景再现的表达技巧完成专题片的配音。

案例导入:陈军在给某公司电视专题片配音的时候,发现数据统计特别多,这时候特别难以情景再现。文学抒情部分播得像朗诵,数据介绍部分播得像新闻,不知道该怎么处理。

他的老师说,其实对于数字这种抽象的概念,应该在脑海中将其转化为形象直观的柱状图等数据分析比例图,或者换算为常见的等价单位。对于本身比较虚空的泛指,不必句句拘泥,表达清楚、准确就可以了。

那么,专题片配音中的情景再现应该如何把握分寸?数据会破坏文学美吗?情景再现还有哪些问题值得注意?是不是每一句话都需要再现?

一、情景再现的内涵

情景再现属于一种联想、想象活动,是播音员主持人在播音创作中调动思想感情,并使之处于运动状态的重要手段。

播音员主持人的联想和想象必须以语言文字为依据,以符合稿件的需要为前提,遵循稿件规定的目的、性质、范围、任务,不能信马由缰、任意驰骋,要服务于视听的需要。依据语言文字想象的画面应该是连续的、活动的、有内在联系的,而不是孤立的、静止的。

感受是基础,想象是桥梁,表达是实现。换句话说,我们要掌握情景再现这一有声语言的表达技巧,需要获得三种力:感受力、想象力、表达力。

(1)积极丰富的感受力。感受就是感之于外,受之于心的意思。不是只感受到语言文字的存在,而是透过语言文字符号感觉到具体的客观事物的存在,从而产生相应的内心反应。

（2）精确具体的想象力。想象是在头脑中改造记忆中的表象而创造新形象的过程，也是对过往的经验进行新的结合的过程。

（3）精妙独到的表达力。只有感受到了，理解透了，表达才有可能准确。在准确的基础上，优秀的播音员主持人还会追求独到的表达、出人意料的精彩。

二、情景再现“三忌”

一忌为了情景再现而情景再现。情景再现必须以播讲目的为中心，受到播讲目的的引导和制约。要根据主次、详略而不同，粗放时不失点染，细密时不宜庞杂。

二忌局限于词语表面，“明察秋毫之末，而不见舆薪”。播音员主持人要学会用亲身经历和间接经验去补足和丰富主要情景，敢于延展生发，为播讲目的服务。

三忌混淆情景再现备稿与播出时的区别。播音员主持人备稿时需要细致入微，留下生动深刻的印象，而播出时必须连续不断，不能说下句时内心还停留在上句。播出时应该景已模糊，而情愈加凸显。要快速唤起备稿时触动心灵的那一点，引发思想感情的运动。

三、专题片配音时的情景再现注意事项

第一，情景再现要以专题片稿件为依据，要在分析理解稿件的基础上进行，不宜刻意夸张或无动于衷。

第二，情景再现一定要产生于具体的感受中。感受是把文字稿件变成自己要说的话的关键环节，要调动一切直接或者间接的经历，尽量想象出具体的样貌，但又不宜自我陶醉，应该考虑受众能否接受。

第三，出现类似数据这种抽象的概念时，由于情景不够具象，应该在脑海中转化为具体可感的形象，或者采用宏观的褒贬基调来处理。

课堂训练

要求学生依据所给材料展开联想、想象，产生较为具体的心理感受，并体味到其中的景和情。尤其要注意语言中的形象感受，如视觉、听觉、嗅觉、时间觉、空间觉、运动知觉及综合感知的把握。

例稿2.13

金沙流韵（节选）

以清晨洗街作为一天的开始，也以黄昏的洗街作为一天的结束：这里是丽江的

四方街。以清澈的泉水洗街，在中国，它似乎是独一无二的。

仿佛是一种古老的仪式，在古城每天的清晨和黄昏进行着。没有人说得清楚这到底是谁的设计，但借着古城西高东低的地势，当西河的水眼被打开，水流快速向东流淌时，古城古老的街，就这么被清洗了一遍，焕然一新。

海拔5596米的庞大身躯，玉龙雪山就在古城的北边，披云戴雪地拔地而起。这座北半球离赤道最近的冰川雪峰，正是古城的活水源头。冰川雪峰融化的雪水，在雪山脚下，和地下泉水汇聚成4万平方米的黑龙潭，再沿着15千米的玉河，流进丽江古镇，也给了古城历久弥新的面貌。

北面是高不可攀的玉龙雪山，东西南三面都是滔滔的金沙江，成为古城的天然屏障。同样发源于青藏高原的怒江、澜沧江和金沙江，勇闯横断山脉，并肩奔流，形成举世闻名的三江并流奇观，其中怒江和澜沧江径自向前流去，只有长江上游的金沙江来到丽江城外，拐了一个大弯。这就是长江第一弯。

就这一弯，成就了长江东流的奇观。

也就是这一弯，金沙江在玉龙雪山和哈巴雪山之间，切出了一条18千米长，拥有7道瀑布、18处险滩，举世最深、最险的虎跳峡。

世界奇观，就在丽江边上风云际会——雪山、金沙江和泉水，就这样造就了丽江的神奇，而金生丽水，更注定了丽江的诞生。

50来岁的李实，就像许多传统的丽江男人一样，日子过得悠闲而自在，但事实也并非完全如此，原因是丽江变了，李实的生活步调无可避免地也变了。

原来不过30万人口的古城，如今每年都挤进超过300万的观光客，他们有些来自国内，有些却是来自千里迢迢的国外。

面对源源不绝的访客，古城有些人家索性就把自己的宅子改成了民居客栈。

经历地震而毫发无伤的李家，几年前，在原本爱玩鹰的李实手里，成为敞开大门迎接宾客的丽江古宅之一。传统四合五天井、走马转阁楼的纳西建筑样式，祖传上百年历史的宅子，也是丽江重点保护民居，当时要开办客栈，李实还和老人家费了一番唇舌。

(《再说长江》第四集)

训练提示：依据文字描述，在脑海中展开“连续的活动的画面”，并体验各段不同场景中蕴涵的特定情感。注意静态描写、动态描写的不同以及作者情感态度的变化。

任务拓展

1. 要求每人完成一篇5分钟以内的人物专题片的配音作业，并依据稿件展开联想、想象，产生较为具体的心理感受，体味其中的情和景，尤其要注意语言中的形象感受。

2. 将课堂训练稿件录制成音频节目。

问题思考

1. 情景再现的内涵是什么？
2. 情景再现必须注意哪些事项？
3. 专题片配音应该怎样运用情景再现？

评价方法

考核表

考核模块	考核内容	考核方式	考核点	分值
（一）知识与技能目标	1. 专题片配音的情景再现。	理论测验	1. 联想、感受、想象、表达。	10
	2. 有稿表达：运用情景再现方法对《金沙流韵》进行有稿表达； 3. 即兴评述：形象思维训练。	技能训练	2. 专题片配音情景再现到位； 3. 理解稿件透彻，能产生较为具体的心理感受，并体味其中的景和情； 4. 感受、变化清晰明了； 5. 语言流畅、观点鲜明、表述准确。	20
	4. 每人完成一篇5分钟以内的人物专题片的配音作业； 5. 将课堂训练稿件录制成音频节目。	作品评审	6. 情景再现到位； 7. 情感态度细腻； 8. 音频节目完整； 9. 节目配乐恰当合理。	50
（二）过程与方法目标	合作完成节目成品的过程表现。		1. 能够获取、搜集、整理信息，甄选有价值的信息； 2. 能够制订、实施工作计划； 3. 能够分析、发现、解决问题； 4. 具有理论知识的运用能力； 5. 能够及时完成工作任务。	10
（三）情感、态度、价值观目标	出勤纪律、工作态度（违反第一条，10分全无）。		1. 遵守工作纪律，自我约束力强，不迟到、早退、旷课； 2. 有职业道德与社会责任感； 3. 有较强的新闻敏感性，有一定的新闻工作者的人文关怀意识； 4. 语言沟通能力、组织协调能力强，能够与团队成员团结协作，共同完成工作任务； 5. 能够实事求是地完成工作评价，给出合理分值。	10
评分标准：优90—100分，良80—89分，及格60—79分 总分：自我评分（20%）+小组评分（30%）+教师评分（50%）				
改进建议				

项目三 内在语的把握

任务1 理论概要

课前热身:每位同学用天气来形容一下此刻自己的心情。(要求语言精练,描述准确到位,时长2分钟。)

学习目标:清楚什么是内在语,内在语的作用是什么。

案例导入:在一次文艺作品演播课上,老师请丁一和李明两位同学演播下面这则故事:"陈大夫医术很好,就是不会说话。陈大夫60岁生日那天,在临街的一家饭铺里庆生。他请了很多朋友,可宴会开始时,只来了一小部分人。陈大夫急得一个劲儿地搓手:'唉,该来的还没来。'客人们一听,以为主人是说自己'不该来',于是走了20多人。陈大夫一看,急得搓手顿脚,说:'不该走的又走了。'剩下的客人以为自己是'该走的',于是又走了几位。最后只剩下一位最好的朋友,他对陈大夫说:'你说话太不注意了,把客人都气走了。'陈大夫无奈地说:'那些话我不是冲他们说的啊。'这位朋友一听,心想:'不是冲他们说的,那一定是冲我说的啰。'于是最后一位客人也走了。"

丁一和李明两位同学,一位扮演陈大夫,一位扮演他的朋友,两位同学的演播效果很好,赢得了阵阵掌声。他们是如何把握稿件的内在语,生动地塑造人物形象的呢?

一、什么是内在语

内在语又称"潜语""潜台词",是指那些在语言中不便表露、不能表露,或没有完全表露出语句关系和语句内涵的而为表达提供充实的内心依据的语言。

二、内在语的作用

第一,揭示语句内涵,把语句变成自己心里要说的话。要做到感情真挚、语气贴切,使播音语言深刻、丰富、耐人寻味。

第二,显示语言链条,即语句之间的逻辑关系。句与句、段与段、层与层之间不是彼此割裂的,而是有着一定联系的。

内在语同时还具有发语、转换、回味的作用。

课堂训练

例稿2.14

“推动人类发展进步的重要力量”（节选）

在约旦塔格集团创始人兼董事长塔拉勒·贾扎莱的办公室墙上，习近平主席与他的合影格外显眼。2016年1月20日，习近平主席访问埃及期间，会见了贾扎莱等10名获得“中国阿拉伯友好杰出贡献奖”的友好人士，同他们一一握手，合影留念。

“习近平主席为我颁授奖章，并同我亲切握手。习近平主席带领世界上最大的发展中国家不断创造新奇迹，是当之无愧的大国领袖。受到习近平主席的肯定和勉励，对我来说是莫大的荣誉。”回忆起从习近平主席手中接过奖章时的情景，85岁高龄的贾扎莱仍然激动不已。“我对习近平主席说，我将不遗余力地为阿中友好贡献力量，这是我的使命。”贾扎莱回忆，习近平主席对阿拉伯友人给予高度评价，“你们为促进中阿关系发展所作出的贡献将镌刻在中阿友好的历史上，中国人民不会忘记。”习近平主席的话语感动并温暖了现场所有人。

贾扎莱高度评价习近平主席提出的一系列全球性倡议和举措，认为这些倡议和举措立足当下、放眼未来，“是推动人类发展进步的重要力量”。“共建‘一带一路’倡议积极助力沿线国家和地区发展，特别是让发展中国家共享发展机遇和红利。全球发展倡议助力各国共同应对前所未有的挑战，实现更加强劲、绿色、健康的全球发展，阿拉伯国家对此非常欢迎，并从中受益。”贾扎莱表示，在人类命运休戚与共的今天，习近平主席提出这些倡议和举措，致力于满足各国人民对幸福生活的追求，展现了一个负责任大国领导人推动世界共同发展的胸怀和担当。

贾扎莱表示，中国文化是世界上最久远、最丰富、最有特色的文化之一。“加强文化交流，有助于促进阿中其他领域合作。”贾扎莱说：“我会随身携带一些写有中国谚语、古训的字条，比如‘十年树木，百年树人’‘学而时习之’等，提醒自己不断学习进取。从中国文化中，我们可以汲取很多丰富营养、获得人生启迪。”

“从一个文明古国发展到一个现代化国家，中国成就举世瞩目。中国共产党带领中国人民走出了一条适合自己国情的发展道路，中国的发展经验值得我们学习，”贾扎莱表示，“多年前，孩子们让我推荐他们应该去哪里深造时，我毫不犹豫地说‘到中国去’。现在，我儿子、孙子、孙女都会说中文。”如今，贾扎莱经常鼓励阿拉伯年轻人学习中文，并建议他们去中国留学。因为在贾扎莱看来，“中国必将引领世界发展潮流”。

(2023年4月18日《人民日报》，记者沈小晓)

训练提示：首先明确本文主题“习近平主席提出的一系列倡议和举措，致力于满足各国人民对幸福生活的追求，展现了一个负责任大国领导人推动世界共同发展的胸怀和担当”。然后抓住主题，分析文字内在语。播报时要注意感情真挚、语言深刻、耐人寻味。

2023年是“一带一路”倡议提出十周年。从当初的蓝图变成今天的实景，“一带一路”倡议化作了各国发展的实效、服务民生的实惠。准确分析最后一段的逻辑关系和内在含义，通过播报体会内在语的作用。

任务拓展

1.根据课堂训练稿件，录制一期广播节目。

2.挑选三条新闻稿件，对应稿件写出内在语。

问题思考

1.什么是内在语？

2.内在语的作用是什么？

任务2 寓言演播内在语的把握

课前热身(说物练习)：根据你周围小物件的特点(摆件、手机等)，即兴组织语言进行表达。(要求语言精练，描述准确到位，时长2分钟。)

学习目标：掌握寓言演播内在语的处理方法，熟练运用内在语的处理方法进行寓言演播。

案例导入：在一堂寓言演播课上，老师安排杨君同学播讲寓言故事《乌鸦和狐狸》。由于没有熟悉稿件，杨君的表达未能揭示出这则寓言的内涵。老师又让张斌同学播讲，张斌播讲时胸有成竹。他着重读好狐狸的话，用柔和的、细声细气的声音与曲折的语调突出其“媚”和狡猾的一面，反衬出乌鸦的愚蠢。他的精彩表现得到了老师的表扬。

张斌同学之所以得到老师的肯定，是因为他准确把握了稿件的内在语。那么，如何才能准确表达寓言演播的内在语呢？

如何把握寓言演播的内在语

要把握寓言演播的内在语，一定要先搞清楚寓言故事句与句、段与段、层与层之间的内在联系，获得或并列、或递进、或因果、或转折、或分合、或假设等逻辑感受，明确稿件语言的上下衔接、前后照应的关系，然后用内在语的形式显示和引发出来，从而使寓言的表达文气贯通，衔接、转换自然，达到一气呵成、浑然一体的效果。

课堂训练

例稿2.15

蝉和蚂蚁

夏天的时候，蝉每天都在不停地歌唱，蚂蚁则辛勤地劳作。蚂蚁背着粮食从树下经过，它抬起头对树上的蝉说："亲爱的邻居，你就不能为寒冷的冬天准备点粮食吗？你天天这样唱歌，到了冬天看你吃什么！"

"亲爱的邻居，看你都说了些什么呀。不过有一点你尽管放心，冬天的时候，我绝对不会向你乞讨一粒米。"蝉不以为然地说。

"那最好不过了。"蚂蚁背着粮食继续赶路。

冬天很快就来了，大雪覆盖了森林。蚂蚁在家中享受着美食，而那只蝉被冻得瑟瑟发抖，饿得咕咕直叫，只得向蚂蚁去讨吃的。看着狼吞虎咽的蝉，蚂蚁说："你在夏天唱歌、秋天跳舞，冬天也只能饿得发抖了。"

训练提示：这则故事的寓意是我们不能像蝉一样，整天吃喝玩乐，不准备粮食，冬天向别人乞讨；要像蚂蚁一样勤奋劳动，冬天才不会饿肚子。现在我们勤奋学习，将来才会有一番作为。少壮不努力，老大徒伤悲。我们首先要明确作品的寓意，选择能帮助听众理解作品的内在语，通过内在语指导朗读，达到成风化人的目的。

例稿2.16

画蛇添足

古时候，楚国有一家人，祭祖之后，准备将祭祀用的一壶酒分给人喝。参加的人很多，如果大家都喝是不够的，若是让一个人喝，那能喝个痛快。这一壶酒到底给谁喝呢？这时有人建议：每个人在地上画一条蛇，谁画得又快又好，这壶酒就归他。大家都认为这个办法好，于是在地上画起蛇来。

有个人画得很快，最先画好，他就端起酒壶要喝酒。但是他回头看看别人，还都没有画好呢。为了显示自己的本领，他便左手提着酒壶，右手拿了一根树枝，边画边说：“你们画得好慢啊！我再给蛇画几只脚也不算晚呢！”正在这时，另外一个人已经画好了。那个人马上把酒壶夺过去，说：“你见过蛇吗？蛇是没有脚的，你为什么要给它添上脚呢？所以第一个画好蛇的人不是你，而是我！”

那个人说罢就拿起酒壶，咕咚咕咚把酒喝下去了。

训练提示：这则故事的寓意是有些人自以为是，喜欢卖弄自己，往往弄巧成拙，把事情办砸。表达时不应仅仅停留在词句上，要努力挖掘语言背后更深层次的含义。内在语表达要准确，使语言富有创作力及生命力。

任务拓展

1. 自选素材，完成一档寓言演播音频节目，时长5分钟，要求内在语挖掘准确到位，角色形象鲜明生动。

2. 将课堂训练例稿录制成音频节目。

问题思考

1. 什么是内在语？它的主要作用是什么？

2. 如何正确挖掘稿件的内在语？

评价方法

考核表

考核模块	考核内容	考核方式	考核点	分值
（一） 知识与技能目标	1. 什么是内在语。	理论测验	1. 内在语能够揭示语句内涵，显示语言链条。	10
	2. 有稿表达：演播寓言故事《蝉和蚂蚁》《画蛇添足》； 3. 即兴评述：说物练习。	技能训练	2. 角色内在语表达准确； 3. 人物刻画活灵活现、引人入胜； 4. 特点、细节清晰明了； 5. 语言精练，描述准确到位；	20
	4. 完成一档寓言演播音频节目，时长5分钟； 5. 将课堂训练例稿录制成音频节目。	作品评审	6. 音频节目长度适中； 7. 角色语言真实、生动； 8. 语言自然、流利； 9. 内在语表达准确。	50
（二） 过程与方法目标	合作完成节目成品的过程表现。		1. 能够获取、搜集、整理信息，甄选有价值的信息； 2. 能够制订、实施工作计划； 3. 能够分析、发现、解决问题； 4. 具有理论知识的运用能力； 5. 能够及时完成工作任务。	10

续表

考核模块	考核内容	考核方式	考核点	分值
（三）情感、态度、价值观目标	出勤纪律、工作态度（违反第一条，10分全无）。		1. 遵守工作纪律，自我约束力强，不迟到、早退、旷课； 2. 有职业道德与社会责任感； 3. 有较强的新闻敏感性，有一定的新闻工作者的人文关怀意识； 4. 语言沟通能力、组织协调能力强，能够与团队成员团结协作，共同完成工作任务； 5. 能够实事求是地完成工作评价，给出合理分值。	10
评分标准：优90—100分，良80—89分，及格60—79分 总分：自我评分（20%）+小组评分（30%）+教师评分（50%）				
改进建议				

任务3 台词对白内在语的把握

课前热身（现场解说）：为一个魔术表演进行节目解说。（要求体会魔术师在不说话的情境下进行表演，形象生动地描绘表演现场，时长3分钟。）

学习目标：熟知并能陈述内在语的作用及分类，掌握台词对白内在语的处理方法，熟练运用台词对白内在语的处理方法进行台词演播。

案例导入：在一次文艺作品演播课上，老师准备了电影《洪湖赤卫队》中的一段台词对白进行训练，并请刘兵和张娜两位同学来尝试。

彭霸天：外甥姑娘，你弄到这步田地，这是何苦啊！韩英你就听舅舅说几句吧，如今你性命危在旦夕，你可要好好考虑考虑你的前途啊！

韩　英：呸，谁是你的外甥女！

彭霸天：你呀真是初生牛犊不怕虎，做舅舅的我怎么能亲眼看着你去受苦呢？虽然你当初走错了路，但是只要你召回赤卫队，舅舅我一定好好保护他们的安全，绝不会发生什么意外的事故。那时候哇，嘿嘿……自然会对你韩英大有好处的！

韩　英：彭霸天你别做梦，告诉你赤卫队总有一天是要打回来的，到时候一定把你们彻底消灭干净。

刘兵扮演彭霸天，张娜扮演韩英。演播时，彭霸天感觉像韩英的亲舅舅，语言过于温柔，没有突出角色虚假和阴险狡诈的一面；韩英的语言没有力度，不能够表达对彭霸天的痛恨之情。

两位同学的人物内在语的表达为什么不到位？这是由于对作品的理解不够，没有完全融入角色，理解角色的心理变化。那么如何挖掘内在语，内在语对于表达有什么作用呢？

内在语的分类

1. 发语性内在语

发语性内在语通常用在呼号前、节目开头、稿件开头、段落开头。作用:使开头的语气亲切自然。如:(青年朋友们,俗话说)少壮不努力,老大徒伤悲。今天的《金色年华》节目就和朋友们谈谈如何合理安排时间。

2. 寓意性内在语

寓意性内在语是稿件文字的弦外之音,是语句的深层含义。作用:使语气准确,态度分寸得当。如:孔乙己是站着喝酒而穿长衫的唯一的人。("站着"表示穷困潦倒,"穿长衫"说明要面子)。

3. 关联性内在语

关联性内在语是没有用文字表示出来的语句关系。我们可以用"因为""所以""虽然""但是"等关联词或短语使上下文衔接起来。作用:使起承转合的语气贴切自然,更富于逻辑力量。如:长而空不好,(那么)短而空就好么?(显然)也不好。

4. 提示性内在语

提示性内在语用在语句、段落、层次之间,是为了解决上下句语气的衔接问题。如:我惊喜地跑过去。唉,原来是口枯井。龟裂的井底,没有一丝湿气。(你怨恨它吗?)不,我感激它。(为什么)多少人吮吸它的甘汁……

5. 回味性内在语

回味性内在语用在段落、层次、全文结尾处。作用:使人回味、思考、想象,给人"语已尽,情尚存"的感觉。如:这幅画一直挂在我的书桌前,多年来没有换掉,因为我需要它!(需要画中人那种向上攀登的精神)

6. 反语性内在语

反语性内在语的字面意思与深层含义相反。作用:揭示语句本质,使表达准确、生动。如:侵略者一边发动战争,一边高喊,我们是为了维护世界和平(虚伪)。

要把握台词对白的内在语,关键是认真分析稿件,深刻挖掘每一个角色的特点,因为不同的情感和语调会使受众对同一句台词产生不同的印象,同一句台词用不同的情感演绎也会产生不同的效果。

课堂训练

例稿2.17（台词对白）

骆驼祥子

刘四爷： 得了，吃饭了。

虎　妞： 这晚饭我早吃腻了。

刘四爷： 你呀，真是。

虎　妞： 真什么，真金不怕火，女儿没有一点对不起你这当爹的，妈死得早（开始哭），没娘的孩子就是没人疼，这我还活个什么劲呀，呜……

刘四爷： 虎妞、虎妞，别哭天抹泪的啦，算是爸爸糊涂。

虎　妞： 算是？（止住哭）

刘四爷： 不算是，你还以为我真糊涂呀，闺女大了要婆家可也别太心急呀。

虎　妞： （扑哧一笑）谁急了……

训练提示： 又丑又凶的虎妞一心要嫁给祥子，遭到父亲反对，便撒泼和父亲争吵起来了。我们在表达时要把握刘四爷的内在语："女儿和祥子成亲，将来自己的家产就会全落到那穷小子身上，太便宜他了，不能让他得逞。"而虎妞的内在语是："反正我认定祥子了，我一哭二闹三上吊，看你同不同意。"只有内在语表达得准确清晰，人物的形象才会更加丰满、吸引人。

任务拓展

1. 完成一档台词对白演播节目，要求认真挖掘角色的内在语，使角色形象丰满；配音不超过3人，时长4分钟。

2. 将课堂训练例稿录制成音频节目。

问题思考

1. 内在语分为哪几类？

2. 台词对白的内在语有什么特点？

3. 请结合六种类型的内在语设计台词对白的表达。

评价方法

考核表

考核模块	考核内容	考核方式	考核点	分值
(一)知识与技能目标	1. 内在语的分类。	理论测验	1. 发语性、寓意性、关联性、提示性、回味性、反语性。	10
	2. 有稿表达:台词对白《洪湖赤卫队》《骆驼祥子》片段; 3. 即兴评述:现场解说。	技能训练	2. 角色台词内在语表达准确; 3. 人物刻画活灵活现、引人入胜; 4. 内在语把握准确无误; 5. 描绘形象生动,语言有感染力。	20
	4. 完成一档台词对白演播节目,要求配音不超过3人,时长4分钟; 5. 将课堂训练稿件录制成音频节目。	作品评审	6. 音频节目长度适中; 7. 角色语言真实、生动; 8. 语言自然、流利; 9. 角色台词内在语表达准确。	50
(二)过程与方法目标	合作完成节目成品的过程表现。		1. 能够获取、搜集、整理信息,甄选有价值的信息; 2. 能够制订、实施工作计划; 3. 能够分析、发现、解决问题; 4. 具有理论知识的运用能力; 5. 能够及时完成工作任务。	10
(三)情感、态度、价值观目标	出勤纪律、工作态度(违反第一条,10分全无)。		1. 遵守工作纪律,自我约束力强,不迟到、早退、旷课; 2. 有职业道德与社会责任感; 3. 有较强的新闻敏感性,有一定的新闻工作者的人文关怀意识; 4. 语言沟通能力、组织协调能力强,能够与团队成员团结协作,共同完成工作任务; 5. 能够实事求是地完成工作评价,给出合理分值。	10
评分标准:优90—100分,良80—89分,及格60—79分 总分:自我评分(20%)+小组评分(30%)+教师评分(50%)				
改进建议				

模块三　情感表达技巧

项目一　停　连

任务1 理论概要

课前热身（演讲接龙练习）：设置一个话题，比如“职业不分贵贱”。（要求每位同学发表不少于30秒的演讲，下一位同学演讲的第一个字必须是上一位同学演讲的最后一个字，可以是谐音。）

学习目标：掌握停连的定义，熟练运用停连的语言技巧表达文稿。

案例导入：夏青是新中国第一代深受人民群众喜爱的播音艺术家。他的搭档林如回忆说：“与夏青一起播音时有一个突出的感受，就是他大胆利用停顿。在录音时，他常在一个句子中间停顿下来，我以为他是想重录一下，但他总是很自信地又念下去了。之后，在收听节目时，常常使我惊愕，我认为是太长的停顿，并不是空白。它体现出的不仅仅是从容，更像给听众一个无形的‘期待’信号，引起听众的期待感，再接着往下播时，后面的内容就一丝不漏地流入听众的心中。”

夏青善于运用停连，收到了良好的表达效果。可见，停连是语言表达中的一个重要“武器”。

那么应该怎样停连呢？

一、停连的概念

停，指停顿，用符号∧表示（▲挫号，表示停顿时间短）。连，指连接，用符号⌒表示。停顿和连接是有声语言的标点符号。在播音中，有声语言休止、中断的地方，就是停顿；那些不休止、不中断的地方，特别是文字稿件中有标点符号而不休止、不中断的地方，就是连接。停连是由两个方面决定的：一是生理需要，利用停顿补充气息；二是心理需要。在停连的运用上，前者要服从后者。停顿是思想感情运动状态的继续和延伸，而不是思想感情的终止、中断和空白。

二、停连的十种类型

停连有十种类型：呼应性停连、区分性停连、并列性停连、分合性停连、强调性停连、判断性停连、转换性停连、生理性停连、回味性停连、灵活性停连。

如何解决停连的位置、时间等问题：稿件的标点符号可以帮助我们了解停连的位置和时间，但标点符号只是文字语言停连关系的显示。感情的停顿和连接才是有声语言的“标点符号”。

课堂训练

例3.1 请根据语境为下列例句划分停连。

1. 最贵的一张值800美元。

(1) 突出整体价格都很高。

(2) 突出“这一张”很贵。

2. 从前有一位书生在地主家打长工，他和地主立了这样一份字据：“无鸡鸭也可无鱼肉也可萝卜白菜不可少一个工钱也不要。”

(1) 到了年底，地主不给工钱，地主的理解是什么？

(2) 书生告到衙门，拿回了工钱，书生的理解是什么？

训练提示1： 分别在“最贵的”和“一张”后停顿。

训练提示2： （1）无鸡鸭也可∧无鱼肉也可∧萝卜白菜不可少∧一个工钱也不要。

（2）无鸡∧鸭也可∧无鱼∧肉也可∧萝卜白菜不可∧少一个工钱也不要。

任务拓展

1. 录制经典古文诵读音频节目，时长5分钟。

2. 制作一档电台读书节目。

问题思考

1. 什么是停连？

2. 有声语言的标点符号是什么？

3. 以下停顿正确吗？

(1) 玩警察∧抓小偷的游戏

(2) 北京四中∧雷锋学习小组

(3) 电子水∧处理仪

(4) 国宾酒店∧管理学校

(5) 利用服装∧表演这种美的形式

(6) 台风“小犬”将给∧浙江福建广东∧带来大雨或暴雨

任务2　诗歌朗诵的停连

课前热身（描述训练）：描述一下你的家乡，根据家乡街巷、民俗的特点组织语言。（要求条理清晰、表述流畅，时长3分钟。）

学习目标：了解停连的原则；掌握停连的处理方法，准确把握诗歌朗诵中停连的位置和时间；熟练运用停连进行诗歌朗诵。

案例导入：向倩是小主持人培训班的老师。孩子们的普通话都很好，可是朗诵诗歌就像朗读课文一样“铿锵有力”，语流几乎是匀速前进的。怎样才能帮助孩子们找到朗诵的感觉呢？向倩开动脑筋，她觉得应该让孩子们在朗诵中学会“刹车”，多注意停顿。

的确，停连是有声语言的“标点符号”。特别是在诗歌朗诵中，夸张的停连能增加朗诵的表现力。当然，停连绝不是想停就停想连就连的，必须遵循一定的原则。

按文意、合文气、顺文势，是运用停连的三大原则。

在诗歌朗诵中，以下三种停连运用得比较多：

一、转换性停连

转换性停连是稿件中的语句由一个意思变成另一个意思，一种感情变成另一种感情的空当。如果遇到“但是”“然而”等关联词，应该有相应的停顿，显示转换的关节。停顿时间可因不同的转换形式有所不同。如：夜幕在不知不觉中降临了，观看姑娘跳舞的人们都回家休息了。姑娘也开始感到了倦意，她想停止跳舞，可是，她无法停下脚步，因为红舞鞋还要跳下去。

在“她想停止跳舞”之后，文意有一个转折，可运用转换性停连。注意此处停顿比上下文中的其他停顿要相对缩短。

二、回味性停连

有的词语、句子、段落播完之后，停顿要足，留给受众想象、回味的时间，这就是回味性停顿。如：中联重科制造的全球最长80米碳纤维臂架泵车正式投入使用。

“臂架泵车”之后应有一个停顿，以便受众回想一下这四个字的意思。

三、灵活性停连

任何停顿和连接都不是呆板的、生硬的，在停顿的位置、时间上，没有万能公式。特别是在诗歌、散文等文艺作品中，我们应该在停连的处理上保持较大的灵活性。如：《红楼梦》110万字，《三国演义》72万字，《战争与和平》139万字，《约翰·克利斯朵夫》109万字，都很长。

这里有四个并列成分，按书名、字数安排停顿，或书名与字数之间不安排停顿，语意都不会有误。不过，听上去比较呆板。如果灵活一点，只在《红楼梦》和《战争与和平》两个成分的书名、字数之间安排停顿，《三国演义》《约翰·克利斯朵夫》之后不安排停顿，既能使两部字数更多的书给人留下深刻的印象，又能使四个并列成分中间的停顿稍显错落。当然，这种停连必须从文本出发，在允许的范围里进行。

课堂训练

例稿3.2

假如生活欺骗了你

〔俄〕普希金

假如∧生活▲欺骗了你，
不要悲伤，不要心急！
忧郁的日子里∧需要镇静；
相信吧，快乐的日子▲将会来临。
心儿永远向往着未来；
现在∧却常是忧郁。
一切都是瞬息，
一切都将会过去；
而那过去了的，
就会成为∧亲切的∧怀恋。

训练提示：这首诗歌表达了一种积极、乐观、坚强的人生态度。“现在却常是忧郁”中的“现在”后面有一处转换性停连，也可以在“却”字后面停。两个“一切”可以连读，在“而那过去了的”之后，应有一个较长的回味性停连。

例稿3.3

断　章

卞之琳

你∧站在桥上∧看风景
看风景的人∧在楼上看你
明月∧装饰了你的窗子
你∧装饰了∧别人的梦

训练提示：这是一首文简意丰的短诗，既可以当哲理诗读，也可以当爱情诗读。在不影响诗歌本意的前提下，同学们可以根据自己的想象和理解，安排灵活性停连，出奇制胜。比如，缩短“明月装饰了你的窗子”与下句开头“你”之间的停顿，在“你”字后面停顿较长时间。

任务拓展

1. 选择一首经典诗歌，录制一个5分钟左右的配乐诗朗诵视频。
2. 将课堂训练例稿录制成音频节目。

问题思考

1. 如何运用停连的处理方法朗诵诗歌？
2. 诗歌中的停连应不应该跟着感觉走？

评价方法

考核表

考核模块	考核内容	考核方式	考核点	分值
(一) 知识与技能目标	1. 停连的决定因素及其相互关系。	理论测验	1. 生理需要、心理需要，生理需要服从心理需要。	10
	2. 有稿表达：运用回味性、转折性、灵活性停连朗诵例稿； 3. 即兴评述：描述家乡训练。	技能训练	2. 基调准确，感情充沛； 3. 停连位置准确、时间恰当； 4. 特点、细节准确、明显； 5. 语言表达流畅，思路清晰。	20
	4. 选择一首经典诗歌，录制一个5分钟左右的配乐诗朗诵视频； 5. 将课堂训练稿件录制成音频节目。	作品评审	6. 转折性停连准确； 7. 回味性停连恰当； 8. 灵活性停连运用自如； 9. 声音、画面清晰，配乐得当。	50
(二) 过程与方法目标	合作完成节目成品的过程表现。		1. 能够获取、搜集、整理信息，甄选有价值的信息； 2. 能够制订、实施工作计划； 3. 能够分析、发现、解决问题； 4. 具有理论知识的运用能力； 5. 能够及时完成工作任务。	10
(三) 情感、态度、价值观目标	出勤纪律、工作态度（违反第一条，10分全无）。		1. 遵守工作纪律，自我约束力强，不迟到、早退、旷课； 2. 有职业道德与社会责任感； 3. 有较强的新闻敏感性，有一定的新闻工作者的人文关怀意识； 4. 语言沟通能力、组织协调能力强，能够与团队成员团结协作，共同完成工作任务； 5. 能够实事求是地完成工作评价，给出合理分值。	10
评分标准：优90—100分，良80—89分，及格60—79分 总分：自我评分（20%）+小组评分（30%）+教师评分（50%）				
改进建议				

任务3 散文朗诵的停连

课前热身（逻辑思维训练）：三种声音：钢琴声、雨声、手机声；三个词语：苹果、图书馆、警察。（要求快速找到词语之间的联系，按顺序有逻辑地组织语言进行表达，时长2分钟。）

学习目标：了解散文朗诵中常见的三种停连方式；掌握三种停连方式的处理方法，准确把握散文朗诵中停连的位置和时间。

案例导入：电台老师要小李同学录制一期《人生100个哲理小故事》的节目样带，小李在录音间里录了很久，情绪也很饱满，但总觉得感情不够细腻，声音太平直。电台老师认为他停连的时长处理得太均匀，没有表现出语流的轻重缓急。小李茅塞顿开，根据情节将停连长短错落开来，故事听上去果然生动多了。

除了前面学过的方法，我们还可以怎样增强语言的表现力？遇到人物语言断断续续的情况，应该如何处理？

在散文朗诵中，以下三种停连运用得比较多：

一、强调性停连

有时为了强调一个词、一个词组、一个句子、一个小层次，我们可以在强调的成分之前、之后，也可以在前后同时停顿。与此同时，那些不需要强调的成分之间，停顿的时间可以缩短甚至连读。如：朋友，与生命抗争是一种美，一种永恒的美。这句话是《白杨礼赞》的结尾。根据语意，我们应该强调“永恒”，因此，前边的停顿时间相对较短，到第二个“一种”之后安排一个停顿较为合理。如果只凭标点符号停顿，全句便显得松散。

二、判断性停连

为了体现思索、判断事物的过程，我们在表达时可以运用判断性停连。如：我跑过去捡起手榴弹，哎呀，怎么这样沉？原来弹柄是铁的，那周围已经磨出了光亮。在“怎么这样沉”后面，应有一个“看”的动作，有一个与一般木柄手榴弹进行比较的过程，所以这个停顿时间要长，才可以表现出判断的过程。

三、生理性停连

在某些稿件里，由于人物生理上的异态，会产生语流不畅、断断续续的情况。这时，我们要正确把握生理性停连。如焦裕禄在生命的最后时刻说：党……派我……到兰考……工作，我……没有……完成……党交给我的……任务。我们播这段话时，应着重凸显焦裕录的忘我精神，而其生命垂危的情状稍作点染即可，省略号的地方酌情加以停顿。

课堂训练

例稿3.4

手的故事

新年的前一周，任职山区小学的林老师，要她任教的二年级小学生画出自己∧①最想得到的新年礼物。

她想，这些孩子想要的应该是些日常生活用品或文具、食物之类，要是不超过一百元，就自己买来送给他们。

孩子的图画交来，果然多数是铅笔盒、小刀、圆珠笔、球鞋和巧克力之类的小东西。但是，看见彭林的画时，她呆住了。∧②那是一双∧③笔触十分朴拙、线条杂乱的手。

这是谁的手？

全班同学被这个抽象又怪异的手吸引住了。

“嗯，大概是妖怪的手吧！”一个学生说。

“不，像是农夫的手。”另一个学生说。

大家你一言我一语争论不休，唯独彭林∧④紧抿着嘴唇，眼眶盈着泪光。

林老师要大家安静下来，写自己的功课，然后她缓缓走过去，温柔地问：“这是你最想要的礼物？”

彭林的头埋向胸前，轻轻地点了一下。

“可以告诉老师，这是谁的手吗？”

“是∧⑤……”彭林哽咽地低语，“是∧⑥……我妈妈的手。”

“啊！是你妈妈的手？”林老师诧异地自语着。随即她想起刚到校时，曾前往每个学生家做过家庭访问，记忆中，彭林没有母亲，家里只有父亲、祖父母和一个妹妹。

“老师，我好想牵妈妈的手……”

训练提示：

①强调性停连，突出“最想得到”。

②判断性停连，停顿时间较长，“呆住了”，意味着时间上有一个缓冲。

③④强调性停连，其中④的停顿强调的内容是“彭林”，强调之后停顿。

⑤⑥生理性停连，表示人物羞怯又渴望的心理状态。

任务拓展

1. 以亲情为主题,做一期8分钟的配乐散文诵读音频节目。
2. 将课堂训练例稿录制成音频节目。

问题思考

1. 什么情况下使用强调性停连?
2. 什么情况下使用判断性停连?

评价方法

考核表

考核模块	考核内容	考核方式	考核点	分值
(一)知识与技能目标	1. 强调性停连、判断性停连、生理性停连分别在什么情况下使用。	理论测验	1. 强调的成分、体现思考的过程、语流不畅的地方。	10
	2. 有稿表达:运用强调性、判断性、生理性停连播读散文; 3. 即兴评述:逻辑思维训练。	技能训练	2. 停连位置准确; 3. 停顿时间把握较好; 4. 连接自然、合理; 5. 描述准确流畅。	20
	4. 以亲情为主题,做一期8分钟的配乐散文诵读音频节目; 5. 将课堂训练例稿录制成音频节目。	作品评审	6. 停连位置、时间准确; 7. 音频节目完整; 8. 节目配乐准确、恰当。	50
(二)过程与方法目标	合作完成节目成品的过程表现。		1. 能够获取、搜集、整理信息,甄选有价值的信息; 2. 能够制订、实施工作计划; 3. 能够分析、发现、解决问题; 4. 具有理论知识的运用能力; 5. 能够及时完成工作任务。	10
(三)情感、态度、价值观目标	出勤纪律、工作态度(违反第一条,10分全无)。		1. 遵守工作纪律,自我约束力强,不迟到、早退、旷课; 2. 有职业道德与社会责任感; 3. 有较强的新闻敏感性,有一定的新闻工作者的人文关怀意识; 4. 语言沟通能力、组织协调能力强,能够与团队成员团结协作,共同完成工作任务; 5. 能够实事求是地完成工作评价,给出合理分值。	10
评分标准:优90—100分,良80—89分,及格60—79分 总分:自我评分(20%)+小组评分(30%)+教师评分(50%)				
改进建议				

任务4 新闻播音的停连

课前热身（处置意外事件）：某歌手因为不熟悉舞台环境，不小心掉进了舞台前的水池里。假如你是现场主持人，你会怎么说？（训练突发状况下的现场应变能力，处理和发挥要符合主持人的话语样态。）

学习目标：掌握新闻播音中四种较为常见的停连方式，在新闻播音中准确把握停连的时间和位置。

案例导入：某电视台播音员播送一条新闻，题目是《××市人民政府关于禁止乱吐乱扔乱倒乱贴乱画乱停乱放乱穿行等行为的通告》。播音员是这样停顿的：《××市人民政府∧关于禁止∧乱吐∧乱扔∧乱倒∧乱贴∧乱画∧乱停∧乱放∧乱穿行等行为的通告》。这位播音员停顿对了吗？面对新闻中长句较多的情况，应该如何处理？并列成分应当怎样停顿呢？

在新闻播音中，有以下四种较为常见的停连方式：

一、区分性停连

区分性停连应结合稿件语意进行分析。凡是一个独立的词、词组都应该进行区分，一般不能在最小单位内部进行停顿。注意同一词语序列可能有多种语法关系，分析不对，就会出现歧义。如：哥白尼认为日月星辰绕地球转动这种学说是不对的。这句话至少有两种语法关系。“哥白尼认为日月星辰绕地球转动”作主语，与“这种学说”同位，“是”作谓语，“不对的”为“的”字结构宾语。这样分析符合语法要求，但语意恰恰相反。这句话应取的语意是，“哥白尼”是主语，“认为”是谓语，后面的主谓词组作宾语。

二、呼应性停连

有些语句在停连上有前呼后应的关系，注意不要给人“前言不搭后语”之感。如：逐步建立起统一开放、竞争有序、安全高效、城乡一体的现代物流体系。这句话里的“建立起”是呼，后面必须有停顿；“现代物流体系”是应，前面也应有停顿。

三、并列性停连

凡属各并列关系之间的停顿，要求位置类似、时间类似。如：马军、陈龙仁、赛金虎，这三个90后大学毕业生，五年前走出校门开始创业。句中三个并列词，中间有两个停顿，时间差不多，比较匀称，不应该一短一长。如果有较多的并列成分，应该采取分组的办法。

四、分合性停连

在并列关系前后，往往有领属性、总括性词语。比如“有”字句，“有”后并列成分少，或以“等单位”“等负责人”“等200多人”之类做结的，一般在“有”之前停顿；“有”后并列成分多，或没有上述词语做结的，一般在“有”之后停顿。

课堂训练

例稿3.5

电视剧《马兰谣》∧将于今晚8点▲在我台综合频道开播。该剧以▲中国工程院院士、▲我国爆炸力学▲和核试验工程领域的专家▲林俊德事迹为原型，真实讲述了林俊德∧52年扎根大漠戈壁，⌒参加我国全部核试验任务，⌒为国防和军队现代化建设作出卓越贡献的∧人生历程。他将生命融入使命，工作直至生命的最后一刻，诠释了∧“艰苦奋斗干惊天动地事，无私奉献做隐姓埋名人”的∧马兰精神。

训练提示：稿件中的区分性停连和呼应性停连比较多。例如，“电视剧《马兰谣》”是一个比较长的主语，“将于今晚 8 点”交代播出时间，是谓语“开播”的修饰成分，所以这里要使用区分性停连。最后一句可使用呼应性停连，“诠释了”是呼，停顿一下，“马兰精神”是应，在其前面也要停顿。

例稿3.6

2023首届中国纪录片大会启动仪式∧以《中国纪录片巡礼》短片拉开帷幕，汇聚新中国成立以来▲百部优秀纪录片，⌒聚焦山河之美，深入百姓生活，以独特视角彰显纪录片作为“国家相册”的别样魅力。现场发布了▲国产纪录片及创作人才推优名单，中央广播电视总台作品∧《情满雪域高原——记习近平总书记西藏之行》《温暖——习近平与大学生朋友们》《摆脱贫困》《种子 种子》等▲获得2021和2022年度国产纪录片及创作人才扶持项目▲相关奖项。

训练提示：播报这条新闻，要处理好分合性停连和并列性停连，几部纪录片作品名停顿应当比较匀称，不宜有断裂感。奖项名的停顿要注意不能引起歧义。

任务拓展

1. 做一档10分钟以内的早间新闻广播节目。
2. 将课堂训练例稿录制成音频新闻节目。

问题思考

1. 新闻播报中有哪四种较为常见的停连方式？
2. “有”字句的停顿规律是什么？

评价方法

考核表

考核模块	考核内容	考核方式	考核点	分值
（一）知识与技能目标	1. 区分性、呼应性、并列性、分合性停连分别在什么情况下使用。	理论测验	1. 语法、前呼后应、并列关系、总括性词语。	10
	2. 有稿表达：运用四种停连技巧播报新闻； 3. 即兴评述：处置意外事件。	技能训练	2. 停连位置准确； 3. 停连时间把握较好； 4. 话语样态准确一致； 5. 语言自然、流畅。	20
	4. 做一档10分钟以内的早间新闻广播节目； 5. 将课堂训练稿件录制成新闻音频节目。	作品评审	6. 停连位置准确； 7. 停连时间把握较好； 8. 音频节目完整； 9. 节目导向正确。	50
（二）过程与方法目标	合作完成节目成品的过程表现。		1. 能够获取、搜集、整理信息，甄选有价值的信息； 2. 能够制订、实施工作计划； 3. 能够分析、发现、解决问题； 4. 具有理论知识的运用能力； 5. 能够及时完成工作任务。	10
（三）情感、态度、价值观目标	出勤纪律、工作态度（违反第一条，10分全无）。		1. 遵守工作纪律，自我约束力强，不迟到、早退、旷课； 2. 有职业道德与社会责任感； 3. 有较强的新闻敏感性，有一定的新闻工作者的人文关怀意识； 4. 语言沟通能力、组织协调能力强，能够与团队成员团结协作，共同完成工作任务； 5. 能够实事求是地完成工作评价，给出合理分值。	10
评分标准：优90—100分，良80—89分，及格60—79分 总分：自我评分（20%）+小组评分（30%）+教师评分（50%）				
改进建议				

项目二　重　音

任务1　理论概要

课前热身：即兴编三个小故事，故事当中都要有“我最爱去的城市是北京”这句话，根据这句话不同的重音，体会不同的表达重点。（要求故事完整流畅，衔接合理自然，重点突出。）

学习目标: 熟知重音的定义及作用,掌握确定重音的方法,熟练运用重音的表达方法提高表达能力。

案例导入: 撒贝宁是一位大家熟知的主持人。在央视《开讲啦》节目中,他为观众讲述了樊锦诗的故事。樊锦诗是敦煌研究院名誉院长,被誉为“敦煌的女儿”。她虽年事已高,但是精神矍铄,思维清晰,对敦煌的历史、壁画如数家珍。撒贝宁通过着重强调一些地点、数字,形象生动地帮助观众了解樊锦诗,了解敦煌。

重音就是一句话中在声音上加以强调的词或词组,这样的词或词组听起来分明且突出,是语句意义的主体。

一、重音的主要作用

一是体现目的,显示意图和态度。重音恰当与否直接关系到语言目的是否明确,思想感情是否鲜明。

二是显示节奏。声音的轻重变化、长短(快慢)变化是形成节奏的两个重要因素,重音表达得好不好,直接影响语言的节奏。

二、如何确定重音

一个句子的重音应该放在什么地方,完全取决于表达的目的,目的不同,重音位置也就不同。

首先了解稿件背景,明确语言目的,然后确定重音的位置。

不注意语言目的,完全按照个人的习惯来读,这种重音表达是不妥的,要注意克服。

课堂训练

例稿3.7

敦　煌

有人说他是那一代最惊人的探险者、考古学家,也有人说,他是盗贼,是骗子,是丝绸之路上的魔鬼。

1907年初夏,他第一次来到敦煌。

敦煌,丝绸之路上的一颗明珠。1000年前,曾有四条道路从这里通向西方。十几个世纪以来,这里汇集着来自欧洲的货物和文化;来自中亚的语言及文字,来自印度的艺术和宗教……它们在这里与中华文化全面交融。莫高窟藏经洞的文献,被称为人类进入中世纪历史的钥匙。

但是，当斯坦因来到时，这个沙洲小县已经被中国人遗忘了。陆续登场的是西方人。他们有英国人，过去的一个世纪，是属于这个国家的，世界三分之一以上的商船，飘扬着他们的米字旗；有法国人，在东南亚丛林里，已经布满了他们的身影；有德国人，他们在中国山东建起了欧式洋房；还有俄罗斯人和亚洲新崛起的日本人，他们正在中国的东北开战。

当这些国家越来越强大时，古老的中国仍在沉睡。

训练提示：这段解说词阐述了20世纪初斯坦因来到沉睡的文明古国——中国的敦煌"探险"时的情况。表达时应对"斯坦因""英国人""法国人""德国人"等词语进行重音处理。

任务拓展

下载纪录片《敦煌》的视频，并为其配音解说，时长3分钟左右。

问题思考

1. 什么是重音？
2. 如何确定语句重音？

任务2 诗歌朗诵的重音

课前热身：即兴编三个小故事，故事当中都要有"我很后悔"这句话，根据这句话不同的重音，体会不同的表达重点。（要求故事完整流畅，衔接合理自然，重点突出。）

学习目标：掌握重音的表达类型；熟练运用确定重音的方法进行诗歌朗诵。

案例导入：某年春晚，董卿将"有请马（季）先生的儿子马东"错说成"马先生的儿子马季"。她在元宵晚会上，故意在"马先生的儿子"后面拖长音，并加重音调说出"马东"二字，引得观众会心一笑。董卿巧妙地运用重音，加强了语言的表现力。她机敏的现场表现和勇于承认错误的态度让人佩服。

重音都有哪些类型呢？

重音的表达类型有十类，今天我们先来了解五类。

一、第一类：并列性重音

并列性重音是指在段落、语句中有并列关系的词或词组上确定的重音。如：因为客票中心的售票系统主机出现故障，昨天下午6点到晚上10点，北京站、北京西站、北京南站售票中断四个小时。

二、第二类: 对比性重音

在一些句子中, 为了达到对比、深化感情的目的, 在重音上突出对比性是很重要的。如: 虽然品牌空调与普通空调的外表相同, 但是制冷制热能力要远远超过普通空调。品牌空调爆发力强、启动快, 达到同样设定的温度, 要比普通空调节省一半的时间。这句话中有明显的对比, 对比关系表现在品牌空调和普通空调制冷制热的不同速度上。

三、第三类: 呼应性重音

从重音的角度揭示上下文的呼应关系是一种有效的方法。如: 如果说科研工作是探索真理、发现真理, 那么教学工作的一个重要内容应该是说明真理、传播真理。"科研""教学"是领起句的重音, "探索""发现""说明""传播"是分句的重音, 分别是"一呼两应"。

四、第四类: 递进性重音

如果文本内容的叙述是层层推进的, 那么可以用递进性重音显示这种递进关系。如: 竹叶烧了, 还有竹枝; 竹枝断了, 还有竹鞭; 竹鞭砍了, 还有深埋在地下的竹根。

五、第五类: 转折性重音

转折性重音与递进性重音不同, 递进性重音揭示同一方向的发展, 而转折性重音揭示相反方向的变化。如: 这篇文章虽然篇幅短小, 却写得清新自然, 感人至深。

课堂训练

例稿3.8(诗歌)

酒

艾　青

她是可爱的
具有火的性格　水的外形
她是欢乐的精灵
哪里有喜庆
就在哪里光临

她真是会逗哇
能让你说真话
掏出你的心
她能使你
忘掉痛苦
喜气盈盈
喝吧，为了胜利
喝吧，为了友谊
喝吧，为了爱情
你可要当心
在你笑的时候
她会偷走你的理性
别以为她是水
会扑灭你的烦忧
她是泼在火上的油
能使聪明的更聪明
愚蠢的更愚蠢

训练提示：诗人之所以能把“酒”写得这样甘醇，这样耐人品味，是因为诗人并不是纯客观地进行描述，而是在诗中渗透了自己对生活的体验，加入了自己的评价。这种启示性的评价，加强了诗的感染力。朗读时，应该仔细琢磨重音应该放在什么地方，诗人每句话的目的是什么，体会重音对于诗歌表达的重要性。

任务拓展

1. 选择“表达亲情”的诗歌，完成诗歌朗诵的音频作业，时长5分钟。要求抒情亲切自然，重音表达准确到位。

2. 将课堂训练例稿录制成音频。

问题思考

1.什么是重音？

2.如何确定语句的重音？

评价方法

考核表

考核模块	考核内容	考核方式	考核点	分值
(一)知识与技能目标	1. 理解重音的作用。	理论测验	1. 体现目的，显示节奏。	10
	2. 有稿表达：朗诵诗歌《酒》； 3. 即兴评述：讲述小故事。	技能训练	2. 重音选择恰当； 3. 诗歌朗诵生动形象，富有表现力； 4. 要求故事完整、流畅； 5. 衔接合理、自然，重点突出。	20
	4. 选择“表达亲情”的诗歌，完成诗歌朗诵的音频作业，时长5分钟； 5. 将课堂训练例稿录制成音频。	作品评审	6. 重音选择准确到位； 7. 抒情亲切自然； 8. 朗诵感染力强； 9. 音频剪辑和配乐到位。	50
(二)过程与方法目标	合作完成节目成品的过程表现。		1. 能够获取、搜集、整理信息，甄选有价值的信息； 2. 能够制订、实施工作计划； 3. 能够发现、分析、解决问题； 4. 具有理论知识的运用能力； 5. 能够及时完成工作任务。	10
(三)情感、态度、价值观目标	出勤纪律、工作态度（违反第一条，10分全无）。		1. 遵守工作纪律，自我约束力强，不迟到、早退、旷课； 2. 有职业道德与社会责任感； 3. 有较强的新闻敏感性，有一定的新闻工作者的人文关怀意识； 4. 语言沟通能力、组织协调能力强，能够与团队成员团结协作，共同完成工作任务； 5. 能够实事求是地完成工作评价，给出合理分值。	10
评分标准：优90—100分，良80—89分，及格60—79分 总分：自我评分（20%）+小组评分（30%）+教师评分（50%）				
改进建议				

任务3 散文朗诵的重音

课前热身：先朗读一个故事，然后用精练的语言说出故事梗概。（要求语言简练，结构完整，反映故事的主要元素。）

学习目标：熟知并掌握重音表达的十种类型，学会巧妙地处理重音；熟练地运用重音表达技巧朗诵散文。

案例导入：张晓在广播电台节目组实习。有一天，某节目需要一个为刘胡兰配音的人，张晓主动要求尝试。她认真备稿，将稿件中需要强调的重音一一标注出来。因为准确理解了刘胡兰这一角色坚定的革命意志、宁死不屈的革命精神，正确设置了重音，所以录制非常成功。

怎样才能正确找到重音呢？

前面我们学习了重音的五种表达类型，今天来学习其他五种类型。

一、第六类：强调性重音

凡是符合播讲目的、形象需要、论证需要的重点词语都要敢于强调，这类词或词组就是强调性重音。如：专家就是专家。

二、第七类：比喻性重音

有些语句常用打比方的手法来叙述抽象的或难以理解的事物和道理，使之通俗易懂、生动形象，这些比喻性词或词组就是比喻性重音。如：蓝天，蓝得有点发黑，白云就像白色的大花朵似的点缀在天上。注意如果比喻性词语不是语句的重点，就不能作为重音处理。

三、第八类：拟声性重音

象声词有时对突出人物的形象、推动事情的发展有很大的帮助作用，在烘托氛围、描摹场景时，拟声性重音不可缺少。如：小偷将皮包像变魔术似的偷走了，那女士伸头望了一下，不禁"啊"的一声叫了起来。"啊"这个重音把女士惊异的反应传神地表现出来。

四、第九类：肯定性重音

文本中用"是""有""不是""没有"等字词表达态度时，这些字词便成为肯定性重音。如：假话误国，实干兴邦，这道理是谁都懂的。

五、第十类：反义性重音

有的文本在揭露错误观点、荒谬论点时，在表示不同意、不赞成的态度时，往往借助反义性重音来表达。如：也有解散辫子，盘得平的，除下帽来，油光可鉴，宛如小姑娘的发髻一般，实在"标致"极了。"标致"可用重音。

课堂训练

例稿3.9

军 礼

天,下着鹅毛大雪。一支红军队伍在零下三十多度的酷寒中艰难地行进着。突然,队伍中有人喊起来:“有人冻死啦!”军长一震,急步向前跑去。松树下,一位战士倚着树干,坐在雪窝里,一动也不动。他的左手夹着半截用树叶卷成的烟,小心地放在胸前,仿佛在最寒冷的时刻,还在渴望一支烟的温暖。他右手握着一个小纸包,脸上还挂着一丝早已冷却的笑容。军长用颤抖的手打开那个纸包,一只红辣椒跳进了军长的眼帘。他轻轻拂去战士肩头的积雪,猛然发现他身上竟然穿得那样单薄,单薄得像一张纸。“棉衣,棉衣呢?为什么没发给他棉衣?”军长两眼发红:“军需处长呢?”警卫员在发愣。“给我找军需处长!”还是没有人应声。“快!给我找军需处长!”警卫员“哇”的一声哭了出来:“报告军长,他就是刚任命的军需处长。棉衣不够了……每人发的御寒辣椒他都没舍得吃一口……”

军长愣住了,他望着雕像般的军需处长,眼泪成串成串地流了下来。他高高地举起那只鲜红的辣椒,在铅灰色的天穹下,在迷漫的雪雾中,辣椒就像一把燃烧的火炬,照耀着前程。在这火炬下,一只又一只右手缓缓举起。军礼是那样庄重,整个队伍发出一片抽泣声,像一曲悲壮的哀乐,回荡在雪地上空。

人们不知道这位军需处长的名字。可是,永远也忘不了他留给我们的那只鲜红的辣椒。

训练提示:《军礼》一文虽短小精干,却有震撼人心的感情波澜。通过分析,我们要准确地把握军长内心情感的变化,脑海中要有丰富的情景再现。全文层层深入,逻辑性极强。

朗诵时要注意:

(1)“棉衣,棉衣呢?为什么没发给他棉衣?”“军需处长呢?”“给我找军需处长!”“快!给我找军需处长!”这几句话有明显的递进关系:军长越来越着急。朗诵时要联系上下文,不仅使语句目的准确,还要使句与句之间的逻辑关系清晰。

(2)恰当地运用对比性重音、转折性重音和递进性重音,但同时避免重音过多。朗诵时要“入耳、入脑、入心”,不要无目的地加重音,造成有声语言的“格式化”。

例稿 3.10

跪拜的藏羚羊

王宗仁

一天清晨，老猎人从帐篷里出来，他伸伸懒腰，正准备要喝一碗酥油茶，突然瞅见两步之遥对面的草坡上站立着一只肥肥壮壮的藏羚羊。他眼睛一亮，浑身立即涌上来一股清爽的劲头，丝毫没有犹豫，就转身回到帐篷拿来了杈子枪。他举枪瞄了起来。奇怪的是，那只肥壮的藏羚羊并没有逃走，只是用企求的眼神望着他，然后冲着他前行两步，两条前腿“扑通”一声跪了下来。与此同时，只见两行长泪就从它眼里流了出来。

此时藏羚羊给他下跪自然是求他饶命了。他是个猎人，不被藏羚羊打动是情理之中的事。他双眼一闭，扳机在手指下一动，枪声响起，那只藏羚羊便栽倒在地。它倒地后仍是跪卧的姿势，眼里的两行泪迹也清晰地留着。

次日，老猎人怀着忐忑不安的心情对那只藏羚羊开膛扒皮。他的手在颤抖。腹腔在刀刃下打开了，他吃惊得叫出了声，手中的屠刀“咣当”一声掉在地上……原来在藏羚羊的子宫里，静静卧着一只小藏羚羊，它已经成形，自然是死了。这时候，老猎人才明白为什么那只藏羚羊的身体肥肥壮壮，也才明白它为什么要弯下笨重的身子为自己下跪。

当天，他没有出猎，在山坡上挖了个坑，将那只藏羚羊连同它那没有出世的孩子掩埋了。同时埋掉的还有他的杈子枪……

训练提示：动物之间也有浓浓的亲情，人类有时却对此缺乏同理心。作品中的母羚羊深深地爱着她的孩子；猎人既有杀生的本能，也有慈善的一面。朗诵时，要抓住猎人的情感变化，明白作品中的每个句子都处于特定的背景下，语言目的都是十分明确的。我们不必再去假设，而应直接了解、领会作者的意图，从而把握目的，确定重音。离开具体作品，离开语言环境去“套公式”是行不通的。确定重音无捷径可走，只有从整体出发，从稿件出发，深入分析，细心体会。

任务拓展

1. 选择一篇描写景物的散文，并完成散文配音作业，时长5分钟。
2. 将课堂训练例稿录制成音频。

问题思考

1. 重音的表达技巧是什么？
2. 散文中的重音应该如何处理？

评价方法

考核表

考核模块	考核内容	考核方式	考核点	分值
(一)知识与技能目标	1. 理解散文中重音的表达技巧。	理论测验	1. 分清主次、突出重点。	10
	2. 有稿表达:朗读作品《军礼》; 3. 即兴评述:听故事,说梗概。	技能训练	2. 重音表达准确清晰; 3. 散文理解透彻,表达引人入胜; 4. 语言简练,结构完整; 5. 抓住故事的主要元素。	20
	4. 选择一篇描写景物的散文,并完成散文配音作业,时长5分钟。 5. 将课堂训练例稿录制成音频。	作品评审	6. 重音选择准确恰当; 7. 语言自然流畅; 8. 声音优美,具有感染力; 9. 音频剪辑、配乐恰当。	50
(二)过程与方法目标	合作完成节目成品的过程表现。		1. 能够获取、搜集、整理信息、甄选有价值的信息; 2. 能够制订、实施工作计划; 3. 能够分析、发现、解决问题; 4. 具有理论知识的运用能力; 5. 能够及时完成工作任务。	10
(三)情感、态度、价值观目标	出勤纪律、工作态度(违反第一条,10分全无)。		1. 遵守工作纪律,自我约束力强,不迟到、早退、旷课; 2. 有职业道德与社会责任感; 3. 有较强的新闻敏感性,有一定的新闻工作者的人文关怀意识; 4. 语言沟通能力、组织协调能力强,能够与团队成员团结协作,共同完成工作任务; 5. 能够实事求是地完成工作评价,给出合理分值。	10
评分标准:优90—100分,良80—89分,及格60—79分。 总分=自我评分(20%)+小组评分(30%)+教师评分(50%)				
改进建议				

任务4 新闻播音的重音

课前热身(小型辩论):(1)能忍则忍是否是好的品质;(2)在职场中频繁跳槽是否可取。(分组就某一主题进行辩论,要言之成理,逻辑严密,有理有据。)

学习目标:掌握重音的各种表现类型和表达技巧,学会巧妙地处理重音;熟练运用不同类型的重音播报新闻。

案例导入:校园电视台《一周新闻》节目正在播出。同学们发现:男主播李勇播报时表情夸张、情绪激动,破坏了新闻要强调的重点;而女主播刘玲的播报则端庄大气,重音选择恰当,叙事清楚。

播音员要认真熟悉每一则新闻稿件，在备稿的过程中把握重音少而精的原则，使新闻达到传播的目的和效果。

那么重音的表达有什么技巧呢？

常见的重音的表达技巧有以下几种：

一、综合利用多种语音手段

影响声音的因素主要是音长、音高和音强。重音是音长、音高和音强相互叠加的结果。重音处，速度稍慢，声音稍高，音强稍强。另外，停顿也是突出重音的重要手段。如：在这些书里头，▲这本▲我最喜欢。我们除了把“这本”的“这”音拖长、提高和加强之外，还可在“这本”前后略作停顿，这样就把重音凸显出来了。

二、注意情感，用语气带出

重音是构成语气的重要因素，语气随情感而变化，重音的表达也要相应变化，有时重些，有时轻些。一般来说，表示坚定、果敢、豪迈、庄重、粗暴、愤怒、激动等情感的重音，常常读得重些；表示幸福、温暖、欣慰、体贴、怀念、谦和、沉静、忧伤等情感的重音，常常读得轻些。总之，重音要随着感情走，用语气自然带出。

三、分清主次，突出重点

把握重音时要处理好两个关系：一是主要重音与次要重音的关系，二是重音与非重音的关系。要注意全篇重音的分布，善于抓住和突出那些最能体现作品精神实质的主要重音。次要重音读清楚就可以了，切不可见了重音就强调，平均用力，主次不分。重音与非重音也一样，重音处多用点力，非重音处少用点力。如果都是一个劲儿，就无所谓重音不重音了。

四、克服习惯重音

所谓习惯重音，是指无意识重读一些字词。有的人喜欢将开头几个字读得很重，就属于习惯重音，这是我们应该避免的。

课堂训练

例稿3.11

在新时代新征程上彰显载人航天精神的磅礴伟力（节选）

习近平总书记指出：“人无精神则不立，国无精神则不强。唯有精神上站得住、站得稳,一个民族才能在历史洪流中屹立不倒、挺立潮头。”党在百余年奋斗历程中,经受住各种风险考验、付出巨大牺牲,锤炼出了鲜明政治品格,形成了以伟大建党精神为源头的精神谱系,载人航天精神就是其中的一笔宝贵精神财富。

星空浩瀚无比,探索永无止境。实施载人航天工程以来,广大航天人牢记使命、不负重托,培育铸就了“特别能吃苦、特别能战斗、特别能攻关、特别能奉献”的载人航天精神。伟大的事业孕育伟大的精神,伟大的精神成就伟大的事业。党的二十大报告指出,新时代新征程中国共产党的中心任务是“团结带领全国各族人民全面建成社会主义现代化强国、实现第二个百年奋斗目标,以中国式现代化全面推进中华民族伟大复兴”。载人航天精神必将为新时代新征程推进中国式现代化贡献强大的精神力量。

(2023年4月24日人民网,徐川)

训练提示: 这篇文章态度鲜明,用事实说话,极具说服力和感染力。

全文按照段落可分为两个层次:第一个层次是第一自然段,即新闻导语,指出载人航天精神是一笔宝贵精神财富;第二个层次是第二自然段,即新闻的主体部分,进一步指明载人航天精神必将为新时代新征程推进中国式现代化贡献强大的精神力量。第一段中的“精神”是强调性重音,第二段中的“特别”为递进性重音。

这篇文章重音的特点是强调性重音和递进性重音多,找准并正确表达重音是达到新闻播报目的的必要条件。新闻播报中,重音的选择与处理应注意以下两点:一是“精”,即重音不宜过多,处处是重音则处处无重音;二是“准”,即重音要准确,不能只凭语感来把握重音,而应该在通观全篇、透彻理解文稿内容的基础上慎重决定。

例稿3.12

全国铁路国庆黄金周共发送旅客1.95亿人次

记者从中国国家铁路集团有限公司(下称国铁集团)获悉,至10月8日,为期12天的铁路国庆黄金周运输圆满收官。全国铁路累计发送旅客1.95亿人次,日均发送旅客1624.7万人次;国家铁路累计发送货物1.35亿吨,货物发送量保持高位运行。

假日运输期间,全国铁路运输安全和秩序良好,多项指标创历史新高。国铁集团运输部负责人介绍,今年国庆黄金周,探亲流、旅游流交织,短途和中长途客流叠加,旅客群众出行需求十分旺盛。

(2023年10月9日人民日报客户端,记者李心萍)

训练提示：这则消息十分简短，播报时要善于抓住和突出那些最能体现播报目的的重音，切不可见了重音就强调，平均用力，主次不分。这篇新闻当中，数据很重要，所以应当强调；“良好”“新高”“叠加”“旺盛”等词语层层递进，也可作为重音处理，显示出我国铁路运输安全、高效的特点，以及民众丰富的假期出行安排。

任务拓展

1. 两人一组，完成5分钟的新闻音频节目。
2. 将课堂训练例稿录制成新闻音频节目。

问题思考

1. 重音的表达类型有哪些？
2. 播报新闻时，重音应该如何处理？

评价方法

考核表

<table>
<tr><th>考核模块</th><th>考核内容</th><th>考核方式</th><th>考核点</th><th>分值</th></tr>
<tr><td rowspan="3">（一）知识与技能目标</td><td>1. 重音的类型。</td><td>理论测验</td><td>1. 并列性重音、对比性重音、呼应性重音、递进性重音、转折性重音、强调性重音、比喻性重音、肯定性重音、拟声性重音、反义性重音。</td><td>10</td></tr>
<tr><td>2. 有稿表达：播报课堂训练例稿；
3. 即兴评述：两人一组，就某一个主题进行辩论。</td><td>技能训练</td><td>2. 重音少而精；
3. 叙事清楚，新鲜感强；
4. 言之成理，逻辑严密；
5. 辩论时突出关键词的表述。</td><td>20</td></tr>
<tr><td>4. 两人一组，完成5分钟的新闻音频节目；
5. 将课堂训练例稿录制成新闻音频节目。</td><td>作品评审</td><td>6. 新闻要素齐全，节奏感强；
7. 播报流畅自然；
8. 重音少而精；
9. 音频剪辑到位。</td><td>50</td></tr>
<tr><td>（二）过程与方法目标</td><td>合作完成节目成品的过程表现。</td><td></td><td>1. 能够获取、搜集、整理信息，甄选有价值的信息；
2. 能够制订、实施工作计划；
3. 能够分析、发现、解决问题；
4. 具有理论知识的运用能力；
5. 能够及时完成工作任务。</td><td>10</td></tr>
<tr><td>（三）情感、态度、价值观目标</td><td>出勤纪律、工作态度（违反第一条，10分全无）。</td><td></td><td>1. 遵守工作纪律，自我约束力强，不迟到、早退、旷课；
2. 有职业道德与社会责任感；
3. 有较强的新闻敏感性，有一定的新闻工作者的人文关怀意识；
4. 语言沟通能力、组织协调能力强，能够与团队成员团结协作，共同完成工作任务；
5. 能够实事求是地完成工作评价，给出合理分值。</td><td>10</td></tr>
<tr><td colspan="4">评分标准：优90—100分，良80—89分，及格60—79分
总分：自我评分（20%）＋小组评分（30%）＋教师评分（50%）</td><td></td></tr>
<tr><td>改进建议</td><td colspan="3"></td><td></td></tr>
</table>

项目三　语　气

任务1 理论概要

课前热身（语气训练）：“你给我听好了，如果我是你，我一定会更加努力学习！”（对孩子、爱人、好朋友用三种不同的语气表达这句话，要求根据不同的对象设置不同的情景。）

学习目标：掌握语气的定义和构成要素；了解语气的感情色彩、分量以及表达形式。

案例导入：在大型电视纪录片《再说长江》第一集中，解说员李易用浑厚的语音和真挚的情感，带我们领略了世纪之交的长江。“这是历史中的瞬间，却是唯一的瞬间。我们的视线穿越时间和大地，掠过城市和乡村，随浩荡江水，惊涛裂岸、水滴石穿。这是从一滴水开始的朝圣，正是这一滴水，开始了一条大江和我们的生命历程。”

面对受众，我们应该如何把握稿件语气呢？具体的思想感情如何与恰切的声音形式和谐统一起来呢？

一、语气的定义

语气是思想感情运动状态支配下语句的声音形式，主要由两方面构成：一是具体的思想感情，二是具体的声音形式。二者相辅相成，前者决定后者，后者对前者有反作用。具体的思想感情既要体现每一段的文字色彩与分量，也要注意从整体思想感情的运动状态中去把握。在声音形式中，既要注意声音的高低、强弱、长短，还要注意气息的多少、深浅等。总体来说，语气的色彩与分量是灵魂，但必须依托一定的声音形式；语气受到具体的语言环境的影响、制约，只有在具体的语境中把握语气，语气表达才能准确、到位。

二、语气的感情色彩

语气的感情色彩，主要是指语句包含的是非和爱憎，如赞扬、支持、亲切、活泼、批评、反对、严肃、郑重等。

为了更加清楚地说明语气同具体感情色彩的关系，我们简要地概括以下几种情况①：

（1）爱的感情：气徐声柔（口腔松宽，气息深长）。如：你知道吗？我爱你！

（2）憎的感情：气足声硬（口腔紧窄，气息猛塞）。如：这小子欺负人，真是坏透了。

（3）悲的感情：气沉声缓（口腔如负重，气息如尽竭）。如：我真的舍不得你现在就离开我。

① 张颂．朗读学 [M].4 版．北京：中国传媒大学出版社，2022：177.

（4）喜的感情：气满声高（口腔似千里轻舟，气息似不绝清流）。如：哎呀，这下子可好了！

（5）惧的感情：气提声凝（口腔像冰封，气息像倒流）。如：听，是什么来了？！

（6）欲的感情：气多声放（口腔积极敞开，气息力求畅达）。如：要是现在下一场及时雨就好了。

（7）急的感情：气短声促（口腔似弓弦，飞剑流星；气息如穿梭，经纬速成）。如：快点，快点，再不完成就来不及了！

（8）冷的感情：气少声平（口腔松懒，气息微弱）。如：你都不惦记我了，还来干什么。

（9）怒的感情：气粗声重（口腔如鼓，气息如椽）。如：呸，你这个卑鄙小人！

（10）疑的感情：气细声黏（口腔欲松还紧，气息欲连还断）。如：你真是不能去办这件事吗？

在把握以上具体的感情色彩时，应该做到准确贴切、丰富细腻。

三、语气的分量

语气的分量是指在把握语气感情色彩的基础上，区分是非、爱憎的不同分寸的“度”。强调语气的分量，就是要求我们掌握语气感情的分寸、火候，表达得恰到好处。语气的分量可以从两方面去把握：一是语气感情色彩本身的级差，二是在外部因素影响下态度分寸的级差。二者融合在一起，共同构成语气的分量。语气的分量分为重度、中度和轻度三种。

综上所述，语气的色彩和分量构成了语气的灵魂——具体的思想感情。在具体把握时，一要准确，二要鲜明。这是语气是否贴切、深刻的关键。

四、语气的声音形式

我们在把握了语气的思想感情后，就要用一定的声音形式将其表现出来，对其载体——声音形式的构成要素进行具体分析。声音形式包括气息、声音、口腔状态三要素。这三要素多层次、多侧面的立体变化及多重组合，构成了丰富多彩、千变万化的声音形式。

课堂训练

例稿3.13

弘扬英模精神　汲取奋进力量

“禁毒这么危险，为什么还要来？”“父亲是干禁毒倒下的，我从小的理想就是要继续完成他的使命。”云南省临沧市公安局禁毒支队四级警长张子权生前曾这样回答战友的疑问。张从顺、张子权这对父子，相隔26年先后因公牺牲。英模的精神，让人感动不已，也给人以力量。

走进临沧市公安局禁毒支队荣誉室，除了各种荣誉，还有一面英烈墙格外显眼，上面挂着牺牲战友的照片。一代人接着一代人奋斗，在几十年的禁毒斗争中缴获4770吨毒品，守护了人民群众生命健康和财产安全。走近这支队伍，也能感受到他们士气高昂和自信满满。“我们无比珍惜团队荣誉，不敢也不能抹黑”，这支队伍里的每一个民警都在沿着英模的足迹，为早日实现“禁绝毒品”的目标而努力。

每一位英模背后都有强大的精神能量，他们虽然离我们远去，但他们的先进事迹和崇高精神将永远被铭记。这些年来，云南公安机关始终把弘扬英模精神作为激发队伍战斗力的重要途径，大力挖掘、广泛宣传民警感人事迹，打造“群英谱”，挺起“硬脊梁”。人民公安为人民的生动故事，激励广大民警踔厉奋发、勇毅前行。

崇尚英雄才会产生英雄，争做英雄才能英雄辈出。弘扬英模精神，是为了汲取奋进力量。在学习中有感动、有触动、有震动，才能激励队伍心往一处想、劲往一处使。云南公安机关每年都会组织“最美基层民警”“云岭警星”“云南公安党旗红”“故事讲演比赛”等主题活动，学习英模精神、讲述身边故事，让公安民警切身参与其中，时时受激励、处处有标杆，营造起担当实干的浓厚氛围。

近10年来，云南省跨境违法犯罪案件大幅下降，禁毒工作综合考评连续5年保持全国第一，建成“滇仁杰”人工智能警务专家、执法办案效能大幅提升，95.45%的公安政务服务事项网上办理“最多跑一次”，助力全省群众安全感满意度提升到95.86%……英模树起来，队伍强起来，英雄的故事还在继续书写。新征程上，我们还要继续大力弘扬英模精神，激励广大干部平常时候看得出来、关键时刻站得出来、危难关头豁得出来，把好事实事做到群众心坎上，让人民群众获得感、幸福感、安全感更加充实、更有保障、更可持续。

(2023年1月9日《人民日报》)

训练提示：语气的表达形式通常分为两类，分别是语气的感情色彩和语气的声音形式。播报这篇新闻时，应抓住语言的“言外之意，弦外之音”，努力挖掘语言背后的深层含义。语气充满情感，饱含深情地将公安干警的英模精神传递给受众，潜移默化地予以受众积极影响。

任务拓展

将课堂训练稿件录制成一个广播音频。

问题思考

1. 什么是语气？
2. 语气由哪两个方面构成？

任务2 动画配音的语气

课前热身（语气训练）：“正堵车呢，估计还有半个小时才能到家，你们先吃饭，不用等我了。”（用四种语气跟父母、跟孩子、跟爱人、跟朋友表达同样一句话。要求根据不同的对象、不同的情景，表达出不同的语气。）

学习目标：了解语气的重要性，熟练运用语气的处理方法进行动画片的配音。

案例导入：央视少儿频道播出的中文配音版动画片《狮子王》中有这样一个片段：鹰王告诉当时已是北方黑森林国王的宾波说，老虎塞尔·康的表弟贝尔塔回来了。宾波问：“那又怎么样？”可能是因为对原片细节不了解，配音员当时采用的是一种满不在乎的语气——其中还透着一种对辛巴漠不关心的意味。一配音爱好者在网上发帖，认为这一段配音语气的处理有误，应该用一种自信的疑问语气。因为其实是宾波对辛巴有信心，才会有此一问。

那么动画配音员应该如何恰当运用语气？语气在语言表达中有何重要性？

语气的重要性

在语言表达中，语气极为重要，它不仅关系到目的、基调的落实，而且关系到停连、重音和节奏的控制变化，对文章的体裁、风格和播音都有重要的影响。

动画配音要求对语气有较高的驾驭能力。配音时，不仅要求声音有特点，角色定位准确，还要体现充沛的感情。没有感情，就无法塑造出有血有肉的形象。动画配音的语气强调生动丰富、感情真实，突出动画角色的特点，符合受众的心理特点与年龄特点。

课堂训练

例稿3.14

下面是动画片《喜羊羊与灰太狼》中的一段台词，请进行角色分工，以小组合作的方式，用恰当的语气配音。

灰太狼：我快饿死了，真可恶，今年春节我老婆不管我了，让我一个人在家待着，不许我回家。不过这样也好，再也不用挨平底锅了！哈哈哈哈……

喜羊羊：（学红太狼的语气）笨蛋，跟我走！

灰太狼：（低着头委屈地）是，老婆。（突然，灰太狼撞上了路旁的灯柱）

灰太狼：唉哟，我的头啊！老婆，你倒是管管我呀！别站在那里不管我呀！

喜羊羊: 不许啰唆,快点赶路!(说完,先往前走了)

灰太狼: 老婆!等等我!老婆!(边说边往前跑,突然瘫倒在地,口吐白沫)

喜羊羊: (回头一看,大吃一惊)你小子怎么了?吃什么东西了?

灰太狼: (艰难地)我刚才在路边小摊上吃了一个煎饼果子,又喝了点自来水。

喜羊羊: (恍然大悟)啊,看来你食物中毒了。我帮你打120,赶紧送医院洗肠去,还得帮你输液,不然你拉得太厉害了,就会脱水的。真倒霉。

喜羊羊: 终于到了,也不知道那个灰太狼跑到哪里去了。啊呀,不好,用红太狼的声音用习惯了!

灰太狼: 老——婆——,你——等——等——我——!

喜羊羊: 快点!我们到了!

灰太狼: 这里是哪儿啊?老婆?

喜羊羊: 喂喂喂,灰太狼先生,请您看清楚,谁是你老婆呀?

灰太狼: 嗯?好你个喜羊羊,你竟敢冒充我老婆来戏弄我!哼,看我今天怎么收拾你!

喜羊羊: (哈哈大笑)慢!刚才是谁送你去医院洗肠救你的?

灰太狼: (恍然大悟)什么?竟然是这个样子!对不起啊,喜羊羊。

喜羊羊: 没关系,以后大家都要在一起,多多关照啊!还有呀,以后再也别在马路边随便买不卫生的东西吃了,更不能随便喝自来水哟。

灰太狼: 那是,那是,当然,当然。

训练提示: 以上动画角色个性鲜明,语言各具特色。配音之前,要仔细揣摩剧情之间的关联,注意角色的心理活动变化,分析角色的性格特点。配音时,语言要符合角色的声音,比生活语言稍夸张,声音的弹性要符合感情的需要,体现一定的感情色彩。声音的高低、强弱、长短,气息的控制与运用要符合整体剧情的发展需要。

任务拓展

1. 以小组为单位,改编成语“刻舟求剑”“狐假虎威”,进行角色分工,完成5分钟的动画配音作品。

2. 将课堂训练例稿录制成音频。

问题思考

1. 语气在语言表达中有何重要性?

2. 动画配音对语气有什么要求?

评价方法

考核表

考核模块	考核内容	考核方式	考核点	分值
（一）知识与技能目标	1. 什么是语气？动画配音的语气有什么要求？	理论测验	1. 动画配音要求语气驾驭能力强，角色定位准确，感情充沛。	10
	2. 有稿表达：对《喜羊羊与灰太狼》片段进行动画配音； 3. 即兴评述：语气训练。	技能训练	2. 语气生动、形象，突出动画角色的个性特点； 3. 语气体现一定的感情色彩； 4. 语气变化明显、符合角色特点； 5. 语气自然准确，声音和感情一致。	20
	4. 以小组为单位，改编成语“刻舟求剑”“狐假虎威”，进行角色分工，完成5分钟的动画配音作品； 5. 将课堂训练例稿录制成音频。	作品评审	6. 语气生动、丰富； 7. 角色个性突出； 8. 感情充沛； 9. 音频结构完整、设计感强。	50
（二）过程与方法目标	合作完成节目成品的过程表现。		1. 能够获取、搜集、整理信息，甄选有价值的信息； 2. 能够制订、实施工作计划； 3. 能够分析、发现、解决问题； 4. 具有理论知识的运用能力； 5. 能够及时完成工作任务。	10
（三）情感、态度、价值观目标	出勤纪律、工作态度（违反第一条，10分全无）。		1. 遵守工作纪律，自我约束力强，不迟到、早退、旷课； 2. 有职业道德与社会责任感； 3. 有较强的新闻敏感性，有一定的新闻工作者的人文关怀意识； 4. 语言沟通能力、组织协调能力强，能够与团队成员团结协作，共同完成工作任务； 5. 能够实事求是地完成工作评价，给出合理分值。	10
评分标准：优90—100分，良80—89分，及格60—79分 总分：自我评分（20%）+小组评分（30%）+教师评分（50%）				
改进建议				

任务3　节目主持的语气

课前热身（小故事编讲）：在故事中要有“真的，是我？”这句话，并用五种以上的语气（高兴、生气、懊恼、伤心、自责）表达出来。（每种语气都要与设计的情境吻合，语言表达自然。）

学习目标：了解不同类型节目的语气的感情色彩与分量，掌握不同类型节目主持语气处理的方法，熟练运用语气的感情色彩与分量主持节目。

案例导入：天津人民广播电台播音部主编的《播音与主持》一期文章指出，某主持人在播送新闻《中国野生动物保护协会调查食用野生动物情况》时，将“滥吃野生动物对人类健康有害”一句的语调处理为上扬，这是不对的。因为句子的内容是肯定的，上扬的语调使句子变成了疑问语气。

案例中的语气运用恰当吗？什么是语气的感情色彩？不同类型节目主持的语气有什么不同？

语气的感情色彩和分量

不同类型节目的主持有不同的语气驾驭要求。

新闻节目主持语气的特点是汲取生活语言的精华，兼收朗读语言的神采。要求气息带有明显的弹发跳跃感，语气平实、明朗。

社会生活节目主持语气的特点是生活化，以剔除语言杂质为前提。要求语气亲切自然、态度诚恳。

综艺娱乐节目主持语气的特点是活泼生动、感情充沛，要求语气具有感染力。

课堂训练

例稿3.15

告别是一种心情，告别也是一种决定。

南飞的大雁是对北方寒冷的告别；秋天的落叶是对炎热夏季的告别；

雨季是对干旱的告别，彩虹是对风雨的告别；

山重水复后的柳暗花明是对迷失的告别；

“海内存知己，天涯若比邻”是豪迈的告别；

每一次告别，都有一个故事，或激情燃烧，或凄美动人，或惊心动魄。

告别不是遗忘，而是转身，告别不是放弃，而是开始！

海子说：“我们最终都要远行，最终都要与稚嫩的自己告别，告别是同向成长的苦行之路。”

“山盟虽在，锦书难托”，这是陆游和唐琬之间痛彻心扉的告别。

“我和谁都不争，和谁争我都不屑，我的双手烤着生命之火取暖，火萎了，我也准备走了”，这是杨绛先生平静超然的和这个世界告别。

在这期节目当中，让我记忆深刻的是作家曹文轩，他向我们娓娓道来和故乡、和父亲的告别，也让我们仿佛明白了一个道理“文学写了上百年上千年，其实作的就是一篇文章：生离死别”。

告别是结束也是开始，是苦痛也是希望。面对告别，最好的态度就是好好告别。人这一生早晚会遭遇告别，告别让我们成长，学会告别让我们成熟，而无论是主动地选择，还是被动地面对，告别多少有些伤感。

但是告别也蕴藏着希望，每一段告别的背后都有故事，一段又一段的告别构成了人间百态。

（《朗读者》第七期）

训练提示：语气要随情而变，注意强弱轻重之分。确定基调以后，要根据内容的变化进行不同的处理。情感，是人的生命活动的核心，整合着表达者多方面的精神因素，也体现着表达者的文化积淀、性格气质。正确的表达心理和对表达内容的深刻理解，是准确运用语气的依据。

任务拓展

1. 以小组为单位，制作以“欢庆六一”为主题的电台少儿节目。主持时要求运用恰当的语气，时长5—10分钟。

2. 将课堂训练例稿录制成音频。

问题思考

1. 什么是语气的感情色彩？

2. 运用语气的感情色彩时应注意什么问题？

评价方法

考核表

考核模块	考核内容	考核方式	考核点	分值
（一）知识与技能目标	1. 语气的感情色彩和分量。	理论测验	1. 语气的感情色彩、分量的具体含义，爱、憎、悲、喜、惧、欲等十种感情色彩的语气表达要点。	10
	2. 有稿表达：模拟主持课堂训练例稿，重点考查语气的感情色彩和分量的掌握、运用程度； 3. 即兴评述：编讲小故事。	技能训练	2. 语气亲切自然、态度诚恳； 3. 语气的感情色彩和分量运用准确； 4. 语气与故事情境相吻合； 5. 语言表达自然。	20
	4. 以小组为单位，制作以“欢庆六一”为主题的电台少儿节目，时长5—10分钟； 5. 将课堂训练例稿录制成音频。	作品评审	6. 语音规范，表达流畅； 7. 语气的感情色彩和分量掌握到位； 8. 作品可听性强、制作精良； 9. 作品结构完整、设计感强。	50
（二）过程与方法目标	合作完成节目成品的过程表现。		1. 能够获取、搜集、整理信息、甄选有价值的信息； 2. 能够制订、实施工作计划； 3. 能够分析、发现、解决问题； 4. 具有理论知识的运用能力； 5. 能够及时完成工作任务。	10

续表

考核模块	考核内容	考核方式	考核点	分值
(三)情感、态度、价值观目标	出勤纪律、工作态度(违反第一条,10分全无)。		1. 遵守工作纪律,自我约束力强,不迟到、早退、旷课; 2. 有职业道德与社会责任感; 3. 有较强的新闻敏感性,有一定的新闻工作者的人文关怀意识; 4. 语言沟通能力、组织协调能力强,能够与团队成员团结协作,共同完成工作任务; 5. 能够实事求是完成工作评价,给出合理分值。	10
评分标准:优90—100分,良80—89分,及格60—79分。 总分:自我评分(20%)+小组评分(30%)+教师评分(50%)				总得分
改进建议				

任务4 影视对白的语气

课前热身(说文解字练习)

军　民　纯

根据上面例字,进行说文解字练习,可从字的古今定义、起源、相关词语等方面进行分析,时长3分钟。

学习目标:熟知并陈述语势的基本概念、影视对白的语气特点与要求;掌握避免语势单一的方法;熟练运用不同的语气、恰当的语势为影视对白配音。

案例导入:以下是《为了周总理的嘱托》原稿中的一段:

长期的折磨,使吴吉昌患了重病。从外表看来,他脸孔蜡黄,两腿肿胀,身似朽木。但在内心深处,一种严肃的使命感,仍然像烈火一样,熊熊不熄。周总理那"我把任务交给你了"的声音,不断在耳边回旋。

某主持人在播读这段文字时,采用较低、较平的声音,渐慢、渐弱的语气来表达。请你试着感受文字的内在含义,并选择恰当的语气来表达作品。

一、语势的概念及形式

语势是指一个句子在思想感情运动状态下声音的态势,或者说是有声语言的发展趋向。有声语言的语势通常有以下五种基本形态。

1. 波峰类

声音的发展态势由低向高再向低行进，状如波峰。如：世界上没有花的国家是没有的。“花”就处于波峰位置，句头、句尾的词略低。

2. 波谷类

声音由高向低再向高发展，即句头、句尾较高，句腰较低，状如波谷。如：乔治·华盛顿是美利坚合众国的第一任总统。

3. 上山类

声音由低向高发展，即句头最低，句尾最高，状如登山。不过，有时是步步高，有时是盘旋而上的。如：让暴风雨来得更猛烈些吧！

4. 下山类

句头声音最高，然后顺势而下，状如下山。应注意的是，它有时是直线而下，有时是呈蜿蜒曲折态势而下的。如：就在那年秋天，母亲离我们去了。

5. 半起类

句头声音较低，而后呈上行趋势，行至中途，气提声止。由于没有行至最高点，所以称为半起。如：这到底是什么幻景呢？

二、避免固定腔调

目前，播音员主持人在语言表达方面存在的一个大问题，就是固定腔调。固定腔调最突出的特点是以不变应万变。在符合语句内容的前提下，为避免单一语势的重复出现，形成固定腔调，应注意以下几点：

1. 句头起点不宜相同

假设语势的变化幅度为5度，那么说每句话的开头时，起点高度不要完全一样。

2. 句腰波形不宜相同

不要连续使用同一种波形，如果不可避免，应根据语句的具体情况，使它们有所差别。

3. 句尾落点不宜相同

每句结束的落点最好不要在同一高度，而且停时声音的轻重缓急也不宜相同。

三、影视对白的语言特点和要求

影视作品中，角色的语言有对白、独白、旁白之分，此处重点介绍对白。影视对白要求语气、语势的变化符合角色的性格特点，符合剧情的发展。表达时，尽量用自然的语气去说话，不要夸张与做作。

课堂训练

例稿3.16

下面是影片《简·爱》中主人公罗切斯特(简称“罗”)与简·爱(简称“简”)的对白,请选用恰当的语气表达作品。

罗:还没睡?

简:没见你平安回来,怎么能睡?梅森先生怎么样?

罗:他没事,有医生照顾。

简:昨儿晚上你说要遇到的危险过去了?

罗:很难保证梅森不离开英国,但愿越快越好。

简:他不像是一个蓄意要害你的人。

罗:(坐下)当然不,他害我也可能出于无意。

简:戈瑞斯普究竟是谁?你为什么要留着她?

罗:我别无办法。

简:怎么会……?

罗:你忍耐一会儿,别逼着我回答。我……我现在多么依赖你。唉!该怎么办,简?有这样一个例子,有个年轻人,他从小就被宠坏了,他犯下一个极大的错误,不是罪恶,是错误。它的后果是可怕的。唯一的逃避是逍遥在外,寻欢作乐。后来,他遇见一个女人,一个20年里他从没见过的高尚女人,他重新找到了生活的意义。可是人情世故阻碍了他。那个女人能无视这些吗?

简:你在说自己,罗切斯特先生?

罗:是的。

简:每个人以自己的行为向上帝负责,不能要求别人承担自己的命运,更不能要求英格朗姆小姐。

罗:哼,你不觉得我娶了她,她可以使我获得完全的新生?

简:既然你问我,我想不会。

罗:你不喜欢她?说实话!

简:我想她对你不合适。

罗:啊哈,那么自信?那么谁合适?你有没有什么人可以推荐?(过了一会儿)你在这儿已经住惯了。

简:我在这儿很快活。

罗:你舍得离开这儿吗?

简:(很意外)离开这儿?

罗:结婚以后我不住这儿了。

简:(黯然)当然,阿黛尔可以上学,我可以另外找个事儿。(伤心)我要进去了,我冷。

罗：简。

简：让我走吧！

罗：等等。

简：让我走！

罗：简。

简：你为什么要跟我讲这些？她跟你与我无关。你以为我穷、不好看就没有感情吗？我也会的。如果上帝赋予我财富和美貌，我一定要使你难于离开我，就像现在我难于离开你。可上帝没有这样。但我们的精神是同等的！就如同你跟我经过坟墓将同样站在上帝面前。

罗：简。

简：让我走吧！

罗：我爱你，我爱你！

简：不！别拿我取笑了。

罗：取笑？我要你！布兰奇有什么？我对她来说不过是她父亲用于开垦土地的本钱。嫁给我，简，说你嫁我。

简：是真的？

罗：哎呀，你的怀疑折磨着我。答应吧，答应吧！（两人深情相拥）上帝饶恕我。别让任何人干扰我。她是我的，我的！

训练提示：此为罗切斯特向简·爱表白的选段，人物心理活动变化丰富。选段前一部分语势较为平稳，为"蓄势"；后一部分语势峰谷错落，话锋凌厉。说到高潮部分时，语势扬起，激情昂扬不可遏止；结尾部分深情演绎，语势落下。注意把握罗切斯特或试探、或愤懑、或柔情、或狂暴的内心情绪变化，把握简·爱温婉而坚定的性格特点，合理运用语气表达作品。

任务拓展

1. 以小组为单位，自选影视作品的片段编辑素材，录制一档5—8分钟的电台节目《未说完的故事》，要求用恰当的语气表达作品。

2. 将课堂训练例稿录制成音频。

问题思考

1. 什么是语势？如何避免语势单一？

2. 影视对白的语气特点与要求是什么？

评价方法

考核表

考核模块	考核内容	考核方式	考核点	分值
(一) 知识与技能目标	1. 语势的定义、种类,影视对白语气的特点。	理论测验	1. 影视对白要求控制感情,语气、语势的变化必须符合人物形象。	10
	2. 有稿表达:选用恰当的语气和语势进行影视作品《简·爱》的对白练习,重点考查语势的掌握、运用程度; 3. 即兴评述:说文解字练习。	技能训练	2. 语气符合人物的心理特点; 3. 人物角色把握到位; 4. 联想丰富,分析得当、具体; 5. 表达自然流畅。	20
	4. 自选影视作品的片段编辑素材,录制一档5—8分钟的电台节目《未说完的故事》; 5. 将课堂训练例稿录制成音频。	作品评审	6. 语音规范,表达流畅; 7. 语气、语势掌握到位; 8. 作品可听性强、制作精美; 9. 作品结构完整、设计感强。	50
(二) 过程与方法目标	合作完成节目成品的过程表现。		1. 能够获取、搜集、整理信息,甄选有价值的信息; 2. 能够制订、实施工作计划; 3. 能够分析、发现、解决问题; 4. 具有理论知识的运用能力; 5. 能够及时完成工作任务。	10
(三) 情感、态度、价值观目标	出勤纪律、工作态度(违反第一条,10分全无)。		1. 遵守工作纪律,自我约束力强,不迟到、早退、旷课; 2. 有职业道德与社会责任感; 3. 有较强的新闻敏感性,有一定的新闻工作者的人文关怀意识; 4. 语言沟通能力、组织协调能力强,能够与团队成员团结协作,共同完成工作任务; 5. 能够实事求是地完成工作评价,给出合理分值。	10
评分标准:优90—100分,良80—89分,及格60—79分 总分:自我评分(20%)+小组评分(30%)+教师评分(50%)				

项目四　节　奏

任务1 理论概要

课前热身(命题演讲练习):教师确定一个主题,规定在这个主题演讲中不能出现某些特定的词语。如主题是"今年夏天很热",演讲中不能出现"热"字。

学习目标:熟知并能表述节奏的定义,掌握节奏的六种基本类型。

案例导入：杨帆同学音色洪亮，擅长朗诵高亢激扬的诗歌，被选入某电台做实习主播。可是电台的老师反映他的新闻播得有"朗诵味儿"，他自己非常苦恼。

播报不同的稿件，节奏不一样。朗诵文章一般节奏变化比较大，宣读新闻一般节奏平稳。如果只擅长一种节奏，而不能根据稿件的不同类型有所变化，就不能成为一名合格的播音员。

一、节奏的定义

在播音中，节奏是由整个文本生发的、由创作主体的思想感情的波澜起伏所造成的抑扬顿挫、轻重缓急的声音形式的回环往复。它由心理变化决定，通过声音的高低、强弱、长短来表现。节奏的核心是"变化"。不同作品要变，同一作品的不同段落、不同语句也要变。

二、节奏的基本类型

节奏的基本类型，大体上分成六种：

1. 轻快型

多扬少抑，声轻不着力，语流顿挫少且时间短，语速较快，轻巧明丽，有一定的跳跃感。多用来表示欢快、欣喜、愉悦、诙谐的情感。

2. 凝重型

多抑少扬，音强而力重，语势较平稳，顿挫较多且时间长，语速偏慢。多用来表示严肃、庄重的情感。

3. 低沉型

声音偏暗偏沉，语势多为落潮类，句尾落点多显沉重，语速较缓。多用来表示悲痛、伤感、哀悼的感情。

4. 高亢型

声音明亮高昂，语势多为起潮类，峰峰紧连，扬而更扬，势不可遏，语速偏快。常用来表现热烈、豪放、激昂、雄浑的感情。

5. 舒缓型

声音轻松明朗，略高但不着力，语势轻柔舒展，语速徐缓。多用来描绘幽静、淡雅的场景，表达平静、舒展的感情。

6. 紧张型

语速快，气息促，顿挫短暂，语言密度大。重点处的语气、转换都较急促、紧张。

课堂训练

例稿3.17(轻快型)

从未见过开得这样盛的藤萝,只见一片辉煌的淡紫色,像一条瀑布,从空中垂下,不见其发端,也不见其终极,只是深深浅浅的紫,仿佛在流动,在欢笑,在不停地生长。紫色的大条幅上,泛着点点银光,就像迸溅的水花。仔细看时,才知那是每一朵紫花中的最浅淡的部分,在和阳光互相挑逗。

训练提示: 此为当代作家宗璞的散文《紫藤萝瀑布》中的一段。文章写于1982年5月。当时作者的弟弟身患绝症,作者非常悲痛,徘徊于庭院中,看见盛开的紫藤萝花,睹物释怀,由花儿自衰到盛,转悲为喜,感悟到人生的美好和生命的永恒。

例稿3.18(凝重型)

社会理性使命已悄悄抽绎,秀丽山水间散落着才子、隐士,埋藏在身前的孤傲和身后的空名。天大的才华和郁愤,最后都化作供后人游玩的景点。景点,景点,总是景点。

再也读不到传世的檄文,只剩下廊柱上龙飞凤舞的楹联;

再也找不到慷慨的遗恨,只剩下几座既可凭吊也可休息的亭台;

再也不去期待历史的震颤,只有凛然安坐着的万古湖山!

训练提示: 该例稿选自余秋雨的《西湖梦》。作者通过描写西湖山水的复杂性,探究中国文人的人格构成原因,揭示中国文化中的文人人格构成的深厚内涵。

例稿3.19(低沉型)

敬爱的周总理,
我不能到医院去瞻仰你,
只好攥一张冰冷的报纸,
静静地伫立在长安街的暮色里。
任一月的风,
撩起我的头发,
任昏黄的路灯,
照着冰冷的泪滴。

训练提示：该例稿选自1977年发表的诗歌《一月的哀思》，作者李瑛。作品表达了作者对敬爱的周恩来总理的深切怀念和无限哀思。

例稿3.20（高亢型）

——暴风雨!暴风雨就要来啦!

这是勇敢的海燕，在怒吼的大海上，在闪电中间，高傲地飞翔；这是胜利的预言家在叫喊：

——让暴风雨来得更猛烈些吧!

训练提示：该例稿选自高尔基的《海燕》。作者通过对海燕在暴风雨来临之际勇敢飞翔的形象的描写，热情歌颂了俄国无产阶级革命先驱坚强无畏的战斗精神。

例稿3.21（舒缓型）

设若单单是有阳光，那也算不了出奇。请闭上眼睛想：一个老城，有山有水，全在天底下晒着阳光，暖和安适地睡着，只等春风来把它们唤醒，这是不是个理想的境界?

训练提示：《济南的冬天》为老舍1931年春天在济南齐鲁大学任教时所作，一经发表即引起轰动。文章处处流露出老舍先生对济南的无限热爱与赞美，诵读时应缓慢、深情。

例稿3.22（紧张型）

猎狗慢慢地走近小麻雀，嗅了嗅，张开大嘴，露出锋利的牙齿。突然，一只老麻雀从一棵树上飞下来，像一块石头似的落在猎狗面前。它蓬起了全身的羽毛，样子很难看，绝望地尖叫着。

训练提示：这段话为细节描写，表达时注意体现出老麻雀紧张、小心翼翼的神态。

任务拓展

1. 将例稿录制成配乐朗诵片段。
2. 利用配音秀等手机软件，录制不同节奏类型的配音片段。

问题思考

1. 什么是节奏?

2. 在播音主持语言表达中,有哪几种基本的节奏类型?

任务2 散文朗诵的节奏

课前热身: 2023年某电视台中秋晚会在长沙橘子洲头广场举行,请你设计开场词,主持开场仪式。(考虑时间、地点、主题、环境等,准备时间10分钟,说话时间1分钟。)

学习目标: 熟练运用六种常见的节奏类型朗诵散文。

案例导入: 刘静参加国庆节诗歌朗诵比赛,她经过认真分析备稿,确定作品的基调是昂扬赞美,节奏类型为高亢型。比赛时,刘静的情绪很饱满,句句都充满激情,自认为发挥得不错。然而比赛结果出来,刘静没有拿到理想的成绩。

有声语言的魅力就在于变化,刘静虽然把握住了稿件的基调,但在表达时节奏缺乏变化,情绪一直很强烈,没有给听众喘息的机会。整篇稿件的朗诵显得很单调。

那么,在确定基调之后,怎样做到节奏变化、张弛有度呢?

节奏和语气的区别

节奏不能和语气混淆。语气以语句为单位,而节奏以全篇为单位。节奏是指全篇稿件的声音形式,而不是一句话、一个小层次的声音形式。播稿件的时候,既要在节奏上有统观全篇的能力,更要有通过每一句语气体现全篇基调的能力。六种节奏类型之间并不是单一孤立的,而是相互配合、相互渗透。

课堂训练

表3.1 《重复一遍》语言表达分析

《重复一遍》	分析
化学实验室里,一位实验员向一个玻璃水槽注水。水流很急,水槽里的水不一会儿就灌得差不多了。	舒缓型,为下面紧张型做铺垫。
那位实验员去关水龙头,万万没想到水龙头坏了,怎么拧也拧不住。	舒缓型,后句略带紧张。
水很急,再有半分钟就会溢出水槽,流到两旁的工作台上。一旦水浸湿工作台上的仪器,仪器就会爆裂,里面正在反应的药品流出,遇到空气会猛烈燃烧,几秒钟之内就能把实验室变成一片火海。他堵着水龙头,绝望地大叫起来。	此段为紧张型,第一句稍紧张,然后层层递进,最后一句达到紧张程度的顶点。
其他实验员听到叫声,看到这一情景,都呆住了,他们知道谁也不可能从这个实验室里逃出去。实验室顿时一片沉寂,死神一步步逼近……	紧张程度减弱,转化为凝重型,最后一句程度最重。
只听见"叭"的一声,在一旁工作的一位女实验员把手中的瓷研杵投进了水槽,将水槽底部砸开一个大洞,水一泻而下。	直接转化为紧张型。

续表

《重复一遍》	分析
她把自己的生命和其他同事的生命从死神手里夺了回来。	高亢型，赞美。
表彰会上，人们问她，在那千钧一发之际，怎么会想起那样做？她淡淡一笑说："我们上小学时，不是学过《司马光砸缸》这篇课文吗？我只不过重复一遍罢了。"	舒缓型，耐人寻味。

任务拓展

1. 录制一个8分钟以内的配乐散文朗诵音频节目。
2. 将课堂训练例稿录制成音频。

问题思考

1. 节奏和语气有什么区别？
2. 节奏的基本类型有哪些？

评价方法

考核表

考核模块	考核内容	考核方式	考核点	分值
（一）知识与技能目标	1. 节奏的基本类型。	理论测验	1. 轻快型、凝重型、低沉型、高亢型、舒缓型、紧张型。	10
	2. 有稿表达：运用节奏的变化朗诵散文； 3. 即兴评述：设计开场词，主持开场仪式。	技能训练	2. 基调准确； 3. 节奏有变化； 4. 符合情境； 5. 自然流畅、表达准确。	20
	4. 录制一个8分钟以内的配乐散文朗诵音频节目； 5. 将课堂训练例稿录制成音频。	作品评审	6. 基调准确； 7. 节奏有变化； 8. 节目形式完整； 9. 节目配乐恰当。	50
（二）过程与方法目标	合作完成节目成品的过程表现。		1. 能够获取、搜集、整理信息，甄选有价值的信息； 2. 能够制订、实施工作计划； 3. 能够分析、发现、解决问题； 4. 具有理论知识的运用能力； 5. 能够及时完成工作任务。	10
（三）情感、态度、价值观目标	出勤纪律、工作态度（违反第一条，10分全无）。		1. 遵守工作纪律，自我约束力强，不迟到、早退、旷课； 2. 有职业道德与社会责任感； 3. 有较强的新闻敏感性，有一定的新闻工作者的人文关怀意识； 4. 语言沟通能力、组织协调能力强，能够与团队成员团结协作，共同完成工作任务； 5. 能够实事求是地完成工作评价，给出合理分值。	10
评分标准：优90—100分，良80—89分，及格60—79分 总分：自我评分（20%）+小组评分（30%）+教师评分（50%）				
改进建议				

任务3 文化讲解的节奏

课前热身(成语接龙PK):选取“龙”字,在1分钟内说出尽可能多的含有这个字的成语,并选取其中一个成语,解释其含义。(训练思维和反应速度,看谁说得又快又准,可以进行小组PK。)

学习目标:熟知并掌握节奏变化的特点,并在实践中灵活运用;熟练运用各种节奏变化进行文化讲解。

案例导入:曾凡同学毕业后在韶山毛泽东同志纪念馆工作。她的讲解给游客留下了深刻印象。在讲到毛泽东少年时代的经历时,她语气轻快,充满朝气;在讲到毛泽东的革命斗争时,她庄重大气;在诉说毛泽东与杨开慧的革命感情时,她深情动人。

讲解工作虽然不像朗诵那样要求语言有张力,但是好的讲解一定是善于运用节奏的,一定具有感染力。

那么,如何运用好各种节奏类型呢?

节奏的运用,有一些常见的方法,掌握了这些方法,对各类稿件就可以应付自如了。

一、欲扬先抑,欲抑先扬

“扬”一般指声音的趋势向上(高)发展,“抑”一般指声音的趋势向下(低)发展。如果重点是“扬”,“扬”前要“抑”;如果重点是“抑”,“抑”前要“扬”。扬抑之间,不是僵化的,而是灵活变化的。如:这套系统在芜湖的出租车上最先试用。司机师傅用“一费一省”来形容这种车和普通车的差别。这段话的重音分别是“出租车”和“一费一省”,重音处要“扬”,重音前后的字词要把声音压低一些。

二、欲慢先快,欲快先慢

快慢是节奏变化的一个重要技巧,不可忽视。慢是指字音稍长,停顿多而时间长;快是指字音短促,停顿少而时间短,连接较多。在节奏的运用上,应努力做到慢中有快,快中有慢。慢中有快是说在舒缓的语流当中找到需要加快的地方,快中有慢是说在紧凑的语流里找到应该或可以缓慢的地方。如:按照国家实施的新能源汽车补贴政策,这款纯电续航里程大于400公里的车能得到国家12,600元的补贴。这是一则新闻当中的一句话,新闻的语流是比较快的,但“12,600元”是重音,要放慢速度来播。

三、欲重先轻,欲轻先重

轻重相间,虚实相间,是形成节奏的重要方法。从头到尾响鼓重锤,或者一虚到底,都会使节奏单调。大家熟知的《岳阳楼记》，情辞激昂，朗诵时用声以实声为主，但是也有不少地方用声要虚一点，比如第二段：予观夫巴陵胜状，在洞庭一湖。衔远山，吞长江，浩浩汤汤，横无际涯、朝晖夕阴，气象万千。此则岳阳楼之大观也，前人之述备矣。然则北通巫峡，南极潇湘，迁客骚人，多会于此，览物之情，得无异乎？这一段的节奏较为舒缓，用声半虚半实。因为重点是文章后面三段，所以在这一段的末尾处，用声渐渐过渡到实声。

四、加强对比，控纵有节

加强对比，使那些该突出的部分和该削弱的部分在声音上有所区别。播音中的对比感与戏剧语言艺术的夸张对比不同，不是对比幅度越大越好。播音的对比要控纵有节。控制时不能过于紧张，放纵时不能过于张扬。

课堂训练

例稿3.23

马王堆汉墓陈列室讲解词（节选）

各位朋友：

大家好，欢迎大家来到马王堆汉墓陈列室参观！今天为大家讲解，我非常荣幸！

谈起马王堆汉墓文物，总有说不完的话。因为这里蕴藏着太多神奇的传说与动人的故事。这些都是来自2100多年前的珍贵文物，有佳肴石器、歌舞乐俑、帛书帛画，等等。今天我们主要参观基本陈列中的三件镇馆之宝。

素纱禅衣是其中最精美的一件。素纱就是没有染色的纱，而禅衣是指没有衬里的衣服。整件衣服长128厘米，两袖通长190厘米，而重量却只有49克，还不到一两。古人用“轻若烟雾，薄如蝉翼”来形容它。素纱禅衣是目前世界上现存年代最早、保存最完整、制作工艺最精致，也是最轻薄的一件衣服，代表了汉代养蚕、缫丝、织绸的最高水平。当时，人们喜欢将又轻又薄的透明禅衣套在色泽艳丽的丝绵袍上，让衣服的颜色、纹样若隐若现，从而产生朦胧的美感。

训练提示：这是湖南省博物馆马王堆汉墓陈列室的一段讲解词。省级博物馆一般展现的是当地悠久而灿烂的历史，观展气氛应当是轻松愉快的。开场白应用实声，速度可较快。因为重点是素纱禅衣的介绍，所以中间引入部分埋下伏笔，声音稍虚。在这个引入部分的前半部，声音趋势稍“抑”，后半部渐渐上扬，以突出后面“三件镇馆之宝”。说到素纱禅衣时，以实声为主。讲解不是舞台朗诵，要注意控纵有节。

例稿3.24

杨开慧陵园讲解词(节选)

这里是杨开慧烈士的墓地。1930年11月14日,杨开慧在长沙识字岭英勇就义后,家乡群众冒着生命危险连夜将烈士的遗体运回板仓,安葬在青松环绕的棉花坡上,并以毛泽东和杨开慧的三个孩子岸英、岸青、岸龙的名义立碑纪念。1959年7月1日,开慧人民公社在墓的后上方立了一块"光辉长照后人心"的石碑,杨开慧烈士的光辉形象永远活在人们的心中。此外,陵园内还有杨开慧烈士的堂弟杨开明烈士的墓及其他家属的墓。神州齐为骄杨舞,光辉长照后人心。杨开慧这个美丽而动人的名字将永远与青山同在,与绿水共存!

训练提示:在烈士陵园,应以崇敬、怀念的语气向游客展开介绍。整段先抑后扬,语速稍慢,前后对比幅度无须太大。

任务拓展

1. 选择故宫博物院某处景点,录制一段5分钟以内的讲解视频。
2. 将课堂训练例稿录制成音频。

问题思考

1. 节奏的运用有哪些常见的方法?
2. 应如何把握讲解词的节奏?

评价方法

考核表

考核模块	考核内容	考核方式	考核点	分值
(一)知识与技能目标	1. 节奏运用的方法。	理论测验	1. 抑扬、快慢、轻重、控纵有节。	10
	2. 有稿表达:自选讲解词进行复述; 3. 即兴评述:成语接龙PK。	技能训练	2. 有抑扬、快慢、轻重的对比; 3. 控纵有节; 4. 成语数量不低于10个; 5. 解释准确无误,表达自然流畅。	20
	4. 选择故宫博物院某处景点,录制一段5分钟以内的讲解视频; 5. 将课堂训练例稿录制成音频。	作品评审	6. 解说内容恰当; 7. 有抑扬、快慢、轻重的对比; 8. 控纵有节; 9. 肢体语言得体。	50

续表

考核模块	考核内容	考核方式	考核点	分值
（二）过程与方法目标	合作完成节目成品的过程表现。		1. 能够获取、搜集、整理信息，甄选有价值的信息； 2. 能够制订、实施工作计划； 3. 能够分析、发现、解决问题； 4. 具有理论知识的运用能力； 5. 能够及时完成工作任务。	10
（三）情感、态度、价值观目标	出勤纪律、工作态度（违反第一条，10分全无）。		1. 遵守工作纪律，自我约束力强，不迟到、早退、旷课； 2. 有职业道德与社会责任感； 3. 有较强的新闻敏感性，有一定的新闻工作者的人文关怀意识； 4. 语言沟通能力、组织协调能力强，能够与团队成员团结协作，共同完成工作任务； 5. 能够实事求是地完成工作评价，给出合理分值。	10
评分标准：优90—100分，良80—89分，及格60—79分 总分：自我评分（20%）+小组评分（30%）+教师评分（50%）				
改进建议				

任务4　新闻播音的节奏

课前热身： 两人一组，就某一个主题进行辩论。（要求充分运用各种语言技巧，言之有理，逻辑严密。）

学习目标： 熟知并陈述新闻播音的节奏；掌握新闻播音的节奏特点并熟练进行新闻播报。

案例导入： 郭青大学毕业后进了一家电台当主持人，喜欢做娱乐节目的她被安排做新闻主播。台领导听了郭青的样带之后，认为她播得太快，听上去很不舒服。

新闻播音的节奏有什么特点？怎样把握新闻播音的节奏？

新闻播音的节奏简洁明快、平稳顺畅、语势常扬。重音处要欲扬先抑，欲快先慢，结尾处要放慢速度。例如：

国家电网刚刚发布消息，台风“莫兰蒂”登陆后，国网福建电力已在全省集结了939支应急抢修队伍、14,000多名抢修人员和抢修物资装备，近90台发电车进驻重点地区。经过全力抢修，截至目前，已有100多万户恢复供电，厦门岛内所有水厂全部恢复供电。预计“莫兰蒂”将以每小时20公里左右的速度向北偏西转偏北方向移动，强度明显减弱。

重音处，比如“939”这个数字，在其前面略停顿之后，要放慢速度予以突出。又如重音“向北偏西转偏北”，应语势上扬，“速度”和“方向移动”语势应当压低。“强度明显减弱”，速度稍放慢至结束。

课堂训练

例稿3.25

当地时间2号晚，中国航天专家在南非举行的国际宇航联合大会上荣获了国际航天领域的两项大奖。

2号晚上，国际宇航科学院在开普敦国际会议中心向中国航天专家刘纪原颁发了冯·卡门奖，表彰他长期以来为中国航天事业所作的成就，以及在推动国际航天领域交流与合作方面所作的贡献。

冯·卡门奖创立于1982年，是国际宇航科学院的最高奖项，每年颁发一次，以表彰在航天科学领域取得杰出终生成就的个人。此次刘纪原获奖，是中国航天人首次获此殊荣。

同时，乌克兰南方设计局授予中国航天科学家王礼恒等12人杨格尔100周年奖章，以表彰他们在航天火箭发展和国际空间探索合作方面所作的贡献。该奖为纪念乌克兰杰出的航天火箭技术专家杨格尔100周年诞辰而设立。

训练提示：这是一条科教新闻，一般安排在整个节目的后半段，播音速度比前面的时政要闻要快。但是对一些观众比较生疏的人名或专有名词就要放慢速度播，比如“冯·卡门”“杨格尔100周年奖章”等。

例稿3.26

文化和旅游部公布新一批国家5A级旅游景区

依照《旅游景区质量等级的划分与评定》和《旅游景区质量等级管理办法》，近日，文化和旅游部公布了新一批国家5A级旅游景区。包括上海市中国共产党一大、二大、四大纪念馆景区，湖南省湘西土家族苗族自治州矮寨、十八洞、德夯大峡谷景区。

七部门联合启动食用农产品专项治理三年行动

农业农村部、市场监管总局等七部门联合启动食用农产品“治违禁 控药残 促提升”专项治理三年行动，将治理11个问题突出的农产品品种以及10项重点任务，加快解决禁用药物违法使用、常规农兽药残留超标等问题，从源头上保障食品安全。

赣深高铁今天全线完成铺轨

6月12日，赣深高铁全线轨道铺设完成。赣深高铁北起赣州，南接深圳，全长436.3公里，是京港高铁大通道最南端线路，预计于今年底开通运营。通车后，赣深两地火车运行时间由原来的约7小时压缩至最快约2小时。

《今日中国》特别节目明天播出陕西篇

大型直播特别节目《今日中国》6月13日播出陕西篇。三秦儿女弘扬延安精神，在经济高质量发展、打造内陆改革开放高地、生态环境建设等方面砥砺奋进，取得了丰硕成果，奋力谱写新时代追赶超越新篇章。

（2022年12月2日央视网）

训练提示：新闻播音要体现新闻的特点，不能拖泥带水、拖腔甩调，要基调准确、严谨流畅、干净利落，满足观众的需求。新闻的节奏紧凑不仅指速度较快，也包含恰当的停连、准确的重音、恰当的语气等问题。

任务拓展

1. 录制一档10分钟的早间新闻广播节目。
2. 将课堂训练例稿录制成音频节目。

问题思考

1. 新闻播音的节奏特点是什么？
2. 怎样把握新闻播音的节奏？

评价方法

考核表

考核模块	考核内容	考核方式	考核点	分值
(一)知识与技能目标	1. 新闻播音的节奏特点。	理论测验	1. 简洁明快、平稳顺畅、语势常扬。	10
	2. 有稿表达：处理好新闻播音的节奏； 3. 即兴评述：小型辩论。	技能训练	2. 有快慢、轻重、抑扬的对比； 3. 节奏明快； 4. 论据充分； 5. 言之有理，逻辑严密；	20
	4. 录制一档10分钟的早间新闻广播节目； 5. 将课堂训练例稿录制成音频节目。	作品评审	6. 节奏明快； 7. 有快慢、轻重、抑扬的对比； 8. 节目导向正确； 9. 节目形式完整，编排合理。	50
(二)过程与方法目标	合作完成节目成品的过程表现。		1. 能够获取、搜集、整理信息，甄选有价值的信息； 2. 能够制订、实施工作计划； 3. 能够分析、发现、解决问题； 4. 具有理论知识的运用能力； 5. 能够及时完成工作任务。	10
(三)情感、态度、价值观目标	出勤纪律、工作态度(违反第一条，10分全无)。		1. 遵守工作纪律，自我约束力强，不迟到、早退、旷课； 2. 有职业道德与社会责任感； 3. 有较强的新闻敏感性，有一定的新闻工作者的人文关怀意识； 4. 语言沟通能力、组织协调能力强，能够与团队成员团结协作，共同完成工作任务； 5. 能够实事求是地完成工作评价，给出合理分值。	10
评分标准：优90—100分，良80—89分，及格60—79分 总分：自我评分(20%)+小组评分(30%)+教师评分(50%)				
改进建议				

模块四　无稿表达

项目一　即兴评述

任务1 理论概要

课前热身：介绍你喜欢的一本书。（包括书的梗概、喜欢的原因等，要求对书本内容了解准确、叙述清楚，评述结合，时长3分钟。）

学习目标：熟知广播电视口语的声音特点；按照即兴评述的要求，提高即兴评述的能力。

案例导入：即兴评述是播音与主持艺术专业考试中较有难度的一项内容。即兴评述的目的是考查考生快速思维和组织语言的能力、口语表达能力以及临场心理素质。它要求考生思维敏捷、语言组织能力强、记忆力强。同时，它也是对考生知识功底、文化素质的检验。

那么，考生应该如何提高自己的即兴评述能力呢？

一、即兴评述的特点

一是准确清晰，二是圆润动听，三是质朴大方，四是富于变化。

二、即兴评述的要求

1. 掌握真实材料，确保事实准确

走马观花、道听途说，是新闻工作者的大忌。只有舍得花时间、下力气，踏踏实实地搞调查研究，才能扎扎实实地掌握第一手材料。

2. 条理分明，重点突出

在对所要叙述的人、事、物、景进行深入、细致的观察之后，接下来，不是想到哪儿、看到哪儿、听到哪儿就说到哪儿，而是要快速理清叙述线索，确定叙述顺序，抓住叙述中心；明确表达的先后、轻重、开合、详略，清清楚楚地交代人物、事件发生、发展的时间、地点及过程。

3. 鲜活生动

即兴口语的叙述力求具体、鲜活，要少用抽象的概念，多用生动的事实来说明问题，使人闻则明、听则通，扣人心弦，引人入胜；要思想新、立意新、角度新、构思新；语言富有意趣、情趣，生动形象，充满灵性。

为了更好地完成这一阶段的训练任务，我们还可以根据以上三点要求，进行命题讲述练习，以提高自己组织“语词——语句——语段——语篇”的能力，使叙述更具完整性、条理性。

4. 实事求是

实事求是的意思是论点应该建立在事实的基础上，结论应该产生在充分的调查研究之后。

5. 由表及里、由浅入深

立论，既要以客观事实为依据，又不能忽视主观能动性。人们对于真理的认识有一个由表及里、由浅入深、由现象到本质的过程。对于客观事物内在本质规律性的分析、理解、认识越深入，论点建立的基础就越坚实，论点的开掘也会越有深度。

6. 见解独到

除了有学识素养以外，播音员主持人还要有胆、有情，敢于爱憎分明地坚持真理，敢说真话。

只有这几点全部具备，确立的论点才可能有新意、有创意。

课堂训练

例稿4.1

把280条交通违法的小车拉出来晒晒

通过对大数据的集纳和分析，贵州省公安交管局日前曝光了一批交通“违法大户”信息。虽然曝光的只是超速、占道和交通违法的“前10强”或“前20强”，但这些“陋习大王”的表现却让人惊诧不已。就拿“夺冠”的一辆奥拓轿车来说，今年8个多月就有280条交通违法，两年多累计802条，罚款总计高达124,050元。

训练提示：拿到一篇稿子，我们首先要认真阅读，找出事件发生的时间、地点，以及与事件有关的主要人物等，然后提炼事件的中心思想，通过话题延伸，陈述自己的观点或专家的观点，引发受众思考。

任务拓展

1. 班级分为两个小组，每组选择一个本周的热点新闻事件，对新闻信息点进行“扫盲”——查找新闻事件背景，明确播出目的，确定观点。

2. 以主持人的身份进行评述，完成一期新闻评论节目。

问题思考

1. 口语和书面语在表达方式上有什么不同？

2. 在口语表达中，肢体语言有什么特殊作用？

任务2　看图评述

课前热身： 详细复述今天报纸上的5条新闻。（按照新闻的内容、顺序、结构，完整、准确、流畅地复述，注意不是背诵，可以调整复杂的语法结构，或将长句变短，书面语变口语。）

学习目标： 熟知并能表述看图评述的步骤和方法，掌握审题、立意的步骤和方法，熟练运用审题、立意的方法完成看图评述。

案例导入： 小王是播音与主持艺术专业的一名艺考生，考试中的“漫画描述”总让他头疼不已，不是没话说，就是说不好，说得不精彩，分数也不高。该专业的李老师说：“现在的大学教育讲求思维的多方向发展，表现出来的就是在选拔高素质人才时独具匠心。许多院校的漫画描述题目不能只说画了什么，它需要我们开动脑筋，多角度地审视题目。”

在听完李老师的这番话后，小王应该如何审视漫画呢？用什么方法来解决审题、立意的问题呢？

审题与立意的方法

看图评述的难点是审题与立意。要解决审题、立意的问题，通常有两种方法：

1. 联想法

看到题目后马上联想练习时所做的题目，或者联想自己熟悉的事例与论述结构，这样就能够“套”用自己熟悉的素材与方法进行论述。

2. 抓点法

这个方法适用于题目相对复杂、不知从何说起，或者题目较为简单、不知该说什么的情况。说白了，抓点法就是抓住题目的要点，循序渐进地深入剖析。要点可以是一个，也可以是多个。

这两种方法能够帮助我们在短时间内解决审题与立意的问题，不至于走题或者偏题。但不唯一，可以结合使用，也可以按照自己的思路综合使用。

课堂训练

谈谈你对高中生早恋现象的看法。

训练提示：准备时，要有一个明确而正确的观点，这是“立论”的含义。为什么说不仅要明确还要正确呢？因为只明确不正确不行。比如此题，有人说高中生早恋没什么，处理好了还可以促进学习，学业、爱情两不误，这个观点很明确，但不能说正确。有了明确而又正确的观点，才能有话可说、有话好说。

任务拓展

1. 分小组选择两张反映新闻事件的图片，对图片信息点进行“扫盲”——查找新闻事件背景，明确播出目的，确定观点。

2. 以主持人的身份进行看图评述，完成一期《图文天下》节目。

问题思考

1. 看图评述有哪些步骤和方法？

2. 用什么方法来解决审题、立意的问题？

评价方法

考核表

考核模块	考核内容	考核方式	考核点	分值
(一)知识与技能目标	1. 解决审题、立意的问题；	理论测验	1. 理论描述清晰、准确；	10
	2. 有稿表达：拿到图片后抓住重点和细节分析问题，确立中心和立意； 3. 即兴评述：口头详细复述今天报纸上的5条新闻内容；	技能训练	2. 重点和细节准确无误，指出图片反映的问题； 3. 审题和立意准确； 4. 复述完整、准确； 5. 表达自然、流畅；	20
	4. 分小组选择两张反映新闻事件的图片，对图片相关信息点进行“扫盲”——查找新闻事件背景，明确播出目的，确定观点； 5. 以主持人的身份进行看图评述，完成一期《图文天下》节目。	作品评审	6. 主持人思路清晰； 7. 图片描述生动，故事性强； 8. 节目串联构思巧妙； 9. 节目有感染力和吸引力；	50
(二)过程与方法目标	合作完成节目成品的过程表现。		1. 能够获取、搜集、整理信息，甄选有价值的信息； 2. 能够制订、实施工作计划； 3. 能够分析、发现、解决问题； 4. 具有理论知识的运用能力； 5. 能够及时完成工作任务。	10

续表

考核模块	考核内容	考核方式	考核点	分值
（三）情感、态度、价值观目标	出勤纪律、工作态度（违反第一条，10分全无）。		1. 遵守工作纪律，自我约束力强，不迟到、早退、旷课； 2. 有职业道德与社会责任感； 3. 有较强的新闻敏感性，有一定的新闻工作者的人文关怀意识； 4. 语言沟通能力、组织协调能力强，能够与团队成员团结协作，共同完成工作任务； 5. 能够实事求是地完成工作评价，给出合理分值。	10
评分标准：优90—100分，良80—89分，及格60—79分 总分：自我评分（20%）+小组评分（30%）+教师评分（50%）				
改进建议				

任务3 命题评述

课前热身：选取本周你关心的两个新闻事件进行口头评述。（要求对新闻事件了解准确、叙述清楚、观点鲜明、逻辑严密、评述结合，时长3分钟。）

学习目标：熟知并能表述命题评述的框架模式，掌握命题评述中列举事例的方法，熟练运用列举事例的方法、表达技巧完成命题评述。

案例导入：每次做命题评述练习的时候，小张总是非常忐忑，因为她觉得在短短的几分钟时间里要说对、说准、说好，真是件复杂的事情。

小张该怎么办呢？命题评述到底有哪些框架模式呢？

一、命题评述常用的框架模式

1. “是什么、为什么、怎么样”式

这种框架模式可以说是命题评述中最简单的模式。它是对题目进行剖析，紧紧围绕题目进行论述。首先解释话题的含义，即话题“是什么”，然后说明为什么肯定或者否定话题，最后回答我们应该怎么做。

2. 结合生活式

这种评述一般会给定一个题目，要求我们根据亲身经历或生活故事加以评述。此类方式有利于信手拈来，且内容听上去真实可信。

3. 排列式和递进式

在论述层次不清晰的时候，我们可以将事例一一罗列出来，这就是“排列式”；而当事

例层次比较清晰时，为了突出主题与强调重点，我们可以采取“递进式”，一步一步由浅入深地进行评述。

4. 纵深古今式

此为通用模式，即从过去、现在、未来展开阐述话题，先对比过去、现在和未来，然后得出自己的结论。

二、评述中做到语言“美”的方法

文采飞扬，是评述类题目得高分的关键。我们要掌握一些修辞方法，如排比、比喻，以加强语言气势，使评述语言大气华丽，但这种大气华丽是建立在坚实的论述基础之上的。如果一味追求大气华丽，就会失去论述根本，也不可取。

语言的综合运用是一个慢功夫，需要多看论述文章，掌握一些彰显文采的方法。要想出口成章，必须有所积累。从现在开始，多看书、多观察，厚积薄发。

三、评述中列举事例的方法

1. 抓住题意，联想比拟

看到评述题目后，应尽快理解题意，开动脑筋，联想曾经练习、记忆的事例、名言警句等，通过比拟对做过的题目稍加改动，用到新的题目当中。

2. 开拓思维，变通举例

举例时一定要学会变通，举一反三。理出一个简单的脉络，顺着脉络多角度、全方位地举例，包括俗语、谚语、名人名言、科学哲理、伟人故事等。只要中心不变、围绕主题即可。变通举例是彰显知识储备的好方式。

3. 正反举例，严丝合缝

阐述一个问题的时候，可以从正反两个方面说明其重要性。正反举例，有助于评述更加严谨，对某一问题的见解更加到位。

4. 创造举例，彰显才华

如果在某一问题的事例选择上，或者在列举名言时出现记忆不清的情况，可以适当创造性地发挥：曾经有一位哲人说过……曾经有这么一个故事……创造举例在评述中经常出现，但是创造一到两个即可，数量多了，就有可能露馅。

举例是评述当中最直接、最能彰显学习功力的方法。举例是否得当不在数量多少上，而在是否精准上。我们必须联系题目实际，巧用例证，还要言之有物、言之有序。在日常生活中，我们要多看一些议论文、说理素材的书，以充实大脑。

课堂训练

试以“对大学生高消费谈谈你的看法”为题，进行即兴评述。

训练提示：确立了观点，就要迅速围绕观点思考一个提纲，理清议论的思路。因为准备时间很短，所以提纲只能是一个大概，关键是把议论的结构“搭”起来。这时思维要积极活跃，思路要尽量开阔。

准备完提纲如果还有时间，可以把开头、结尾的话再想一想，争取设计得更精彩一些。

联系自己的实际，联系身边人的实际，谈自己最熟悉的、最有感受的人和事，这样容易有感而发、入情入理。同学们平时可以多准备一些生动的例子，正面的、反面的、名人的、自己的，等等。

任务拓展

1. 四人一组，分为正方和反方，找一个论题，两方围绕论题进行辩论。注意思路清晰、紧扣辩题、举例得当。

2. 严格按照辩论赛的流程和要求，举行一场辩论赛，在演播厅上镜录制。

问题思考

1. 命题评述有哪几种框架模式？

2. 命题评述时，如何根据题目列举精准的事例？

评价方法

考核表

考核模块	考核内容	考核方式	考核点	分值
（一）知识与技能目标	1. 在命题评述中，根据题目列举精准的事例。	理论测验	1. 描述清晰、准确。	10
	2. 有稿表达：评述中选用合适、精准的事例，在较短的时间内组织语言，构思内容； 3. 即兴评述：评述新闻事件。	技能训练	2. 事例选用合适、精准，做到言之有物、言之有序； 3. 在扎实的论述基础之上语言大气华丽； 4. 了解准确，叙述清楚； 5. 观点鲜明，逻辑严密，评述结合。	20
	4. 四人一组，分为正方和反方，找一个论题，两方围绕论题进行辩论。 5. 严格按照辩论赛的流程和要求，举行一场辩论赛，在演播厅上镜录制。	作品评审	6. 辩论赛环节紧凑； 7. 主持人掌控能力强； 8. 辩手辩论能力强； 9. 逻辑严密。	50
（二）过程与方法目标	合作完成节目成品的过程表现。		1. 能够获取、搜集、整理信息，甄选有价值的信息； 2. 能够制订、实施工作计划； 3. 能够分析、发现、解决问题； 4. 具有理论知识的运用能力； 5. 能够及时完成工作任务。	10

续表

考核模块	考核内容	考核方式	考核点	分值
(三)情感、态度、价值观目标	出勤纪律、工作态度(违反第一条,10分全无)。		1. 遵守工作纪律,自我约束力强,不迟到、早退、旷课; 2. 有职业道德与社会责任感; 3. 有较强的新闻敏感性,有一定的新闻工作者的人文关怀意识; 4. 语言沟通能力、组织协调能力强,能够与团队成员团结协作,共同完成工作任务; 5. 能够实事求是地完成工作评价,给出合理分值。	10
评分标准:优90—100分,良80—89分,及格60—79分 总分:自我评分(20%)+小组评分(30%)+教师评分(50%)				
改进建议				

项目二　现场报道

任务1 理论概要

课前热身: 复述视频中三条短消息的内容,并表达自己的看法。(严格按照材料的内容、顺序、结构,完整、准确、流畅地表达,主题突出、逻辑性强。)

学习目标: 熟知现场报道的定义,掌握现场报道的形式和特点。

案例导入: 现场报道体现了新闻的时效性。特别是对突发事件的报道,往往成为衡量记者新闻敏感的重要方面。比如中央电视台记者水均益,在报道美国空袭巴格达时,站在离轰炸现场不远的楼顶上,背景火光冲天,耳边炮声隆隆,给人以强烈的视觉和听觉的冲击力。

那么如何做好现场报道呢?

一、什么是现场报道

现场报道是记者在新闻事件现场,面向摄像机或话筒,以事件目击者或参与者的身份向受众所做的报道。

二、现场报道的形式

现场报道有现场录像报道、现场直播两种形式。

三、现场报道的基本条件与特点

现场报道的基本条件：记者出图像（记者在现场，进入画面）、现在进行时（新闻事件正处于发生、发展之中）、同期声（有现场声音）。

现场报道的特点：时效性强、真实感强、现场感强、信息量大。

课堂训练

周末来到公园，报道自己周围的环境和场景。

训练提示：进入采访现场后，首先要迅速进入状态，注意观察并抓住现场的主要特点，然后用准确、清晰、生动的语言，把现场所见、所闻、所感真实生动地描述出来，让受众了解现场环境气氛，产生身临其境的感觉。在描绘现场时，不要将注意力完全放在自然风光上，要紧紧围绕事件的主题展开。

任务拓展

1. 分小组来到不同的旅游景点，观察现场的特点并描述。
2. 以出镜记者的身份进行现场报道，完成一个视频连线。

问题思考

现场报道对主持人或者记者有什么要求？

任务2 现场描述

课前热身：复述《感动中国2022年度人物》一位入选者的感人事迹，以电台节目形式模拟播出。

学习目标：熟知并能表述现场描述要注意的问题，掌握现场描述的步骤和方法，能运用正确的方法进行现场描述。

案例导入：习惯了有稿播音的小胡这次可犯难了，电视台要求年轻的播音员参与现场直播报道，可是时间仓促，现场又大又乱，NG了几次，小胡都没有过关。

这可怎么办呢？现场描述到底要注意什么呢？

现场描述要注意的问题

第一，先仔细观察现场、了解现场，快速把现场最重要、最有代表性的细节找到。

第二，有话可说，不能张口结舌、不知所云。临时在现场就目之所及、耳之所闻、身之所感的人、事、景以及由此引发的联想即兴提问或发表评述，将无声的视觉信息与有声的语言信息结合起来，同时作用于受众的听觉和视觉，注意要言之有物，说到点子上。

第三，结构合理、详略得当，准确、精辟地说明问题的实质，用贴近生活、贴近群众、贴近实际的语言进行描述。

课堂训练

去自己所在城市的标志性建筑，描述现场所见、所闻、所感。

训练提示： 描述可以分为总说和分说两个步骤，先说大概的环境，再就某个有代表性的情景进行仔细分说。观察描述要全面、具体，同时，语言精练不啰唆，条理清楚不杂乱。

任务拓展

1. 到事件现场做报道，对现场进行描述。

2. 对采访、报道的新闻进行后期制作，完成一期名为《在现场》的新闻节目(共5个新闻事件)。要求节目剪辑到位，现场报道真实、准确、生动。

问题思考

在现场描述中怎样快速找到重点和细节？

评价方法

考核表

考核模块	考核内容	考核方式	考核点	分值
(一)知识与技能目标	1. 现场描述的步骤。	理论测验	1. 理论描述清晰，准确。	10
	2. 有稿表达：现场描述中做到内容真实准确，形象鲜明生动，语言形象优美； 3. 即兴评述：扩充性、创造性复述。	技能训练	2. 找到现场最重要、最有代表性的细节，进行适当的联想； 3. 准确、精辟地说明问题的实质； 4. 复述完整、准确，符合原材料内容； 5. 表达自然流畅。	20
	4. 到事件现场做现场报道，对现场进行描述； 5. 对采访、报道的新闻进行后期制作，完成一期名为《在现场》的新闻节目。	作品评审	6. 现场报道真实、准确、生动； 7. 节目剪辑到位； 8. 语言精练不啰唆； 9. 条理清楚不杂乱。	50
(二)过程与方法目标	合作完成节目成品的过程表现。		1. 能够获取、搜集、整理信息，甄选有价值的信息； 2. 能够制订、实施工作计划； 3. 能够分析、发现、解决问题； 4. 具有理论知识的运用能力； 5. 能够及时完成工作任务。	10

续表

考核模块	考核内容	考核方式	考核点	分值
（三）情感、态度、价值观目标	出勤纪律、工作态度（违反第一条，10分全无）。		1. 遵守工作纪律，自我约束力强，不迟到、早退、旷课； 2. 有职业道德与社会责任感； 3. 有较强的新闻敏感性，有一定的新闻工作者的人文关怀意识； 4. 语言沟通能力、组织协调能力强，能够与团队成员团结协作，共同完成工作任务； 5. 能够实事求是地完成工作评价，给出合理分值。	10
评分标准：优90—100分，良80—89分，及格60—79分 总分：自我评分（20%）+小组评分（30%）+教师评分（50%）				
改进建议				

任务3 新闻评论

课前热身（新闻事件评论）：“如果有人在街上晕倒，你愿意去帮助他吗？”某杂志近日以“爱与责任”为主题进行调查，在北京、重庆、江苏、陕西、湖南、广西等地14所小学的3297份有效问卷中，96.11%的孩子表示愿意给予帮助。调查同时显示，39.19%的孩子对是否应对父母负责认知不清，认为“我现在还小，不能负责任，长大后会负责任的”“爸爸妈妈不需要我负责”“从来没想过这个问题”。（对以上新闻事件进行即兴评述，要求主题突出，观点鲜明正确。）

学习目标：熟知并能表述新闻评论的要求，掌握新闻评论的特点和方法，熟练运用新闻评论的方法完成新闻评论。

案例导入：大三学生小杨发现，现在新闻评论节目越来越多了，而且很受观众的喜欢，如《新闻一加一》《新闻调查》等，既有对事实的报道，又有说理性的评论。自己毕业后也想成为一名新闻评论节目主持人。

那么，新闻评论有哪些要求呢？

新闻评论的特点和要求

新闻评论的特点是对新闻事实做夹叙夹议的评述，既有对事实的报道，又有说理性的评论，事实和道理紧密结合。从播音创作的角度讲，评述类播音的语言表达必须侧重于“讲道理”。也就是说，新闻评论中，对新闻事实的“叙”，要服从和服务于对新闻事实的“议”，这一点与新闻中的“用事实说话”不同。

课堂训练

例稿4.2

近日，四川公安召开以“维护清朗网络空间，重拳整治网络乱象”为主题的新闻发布会，通报全省公安机关打击整治网络水军、网络黑产、网络黑客、网络侵公等网络乱象工作情况，发布相关典型案例。其中，凉山公安侦破一起打造卖惨网红主播，摆拍贫困假象吸引流量，雇佣“网络水军”涨粉引流，借流量销售假冒农副产品的案件。

这样一个卖惨带货的操作可谓非常典型。其具体操作模式为，多个“网络水军”团伙与南京、成都等地MCN机构合作，以“助农”为噱头，在短视频、电商平台伪装成普通消费者，通过刷量控评来提升人气；同时传媒公司按照既定话术在“网红”直播间关注、评论、回复，配合“网红”打造“大凉山原生态”人设，销售假冒的“特色农产品”。整个过程中，“网络水军”团伙和传媒公司分工明确，操作成熟，这样一整套流程，展现了如今网红带货的新趋势，所呈现的问题值得重视。

过去那种个人小作坊式的操作，逐渐发展成团体作战，机构形成了很多成熟的套路，网红的成长周期因此大大缩短。当然，其中有很多的手段并不正规，甚至涉嫌违法。

像此次呈现的卖惨带货案例，其实也经历了这样一个过程。最初这类操作发生在个别短视频账号，那时很多网红以公益的名义直播带货，通过虚构“凉山悲惨事件”来吸引流量。早在2021年，凉山就出现不少“假公益直播”事件，数名网络主播去凉山的贫困山村做假慈善直播，在直播中村民得到食物、水果、衣服等物资，还有一沓沓“百元钞”，不过暖心一幕随着直播结束而结束，钱全部被收回，所谓的“直播”其实就是拍虚构的情景剧。

可以说，凉山假公益直播早已成为自媒体领域的典型乱象。这种套路被证实具有非常强大的传播力，公益故事无论对吸粉还是卖货，都是一个很好的卖点。很多网红通过这种手段来提升人气，因为成果显著，所以很早就有团队运作的迹象。如今，凉山当地披露的典型案例，提示这种乱象不但没有消散，反而愈演愈烈，以高度组织化和专业化的方式来牟取利益。

当地公安部门总结了上述典型案例中网络水军团伙的特点，其中包括组织严密、迷惑性强、涉案地广，这比很多人固有印象中的网红成长模式要复杂得多。而在包装人设方面，那些传媒公司也在不断地“推陈出新”，所谓的“卖惨”，内涵如今也发生了很大的变化，从简单粗暴的卖惨，到各种真假难辨的励志故事。这些细节都说明，“卖惨带货”近年一直在进化、升级，这对于相关的防范和治理无疑是一种新的挑战。

(2023年9月18日《南方都市报》)

训练提示：

1. 对新闻事件进行进一步了解，做到事实和道理结合，有感而播。
2. 用事实说话，评论观点鲜明、逻辑严密、以理服人。

任务拓展

1. 认真搜集本周3条新闻事件，对新闻事实做夹叙夹议的评述。
2. 两人一组，制作一档10分钟的新闻评论音频节目。

问题思考

新闻评论有哪些特点和要求？

评价方法

考核表

考核模块	考核内容	考核方式	考核点	分值
（一）知识与技能目标	1. 新闻评论的特点。	理论测验	1. 理论描述清晰、准确。	10
	2. 有稿表达：对新闻事件发表看法、表明态度、指出症结、提出希望和看法，作出恰当、合适的评论； 3. 对新闻事件进行即兴评述。	技能训练	2. 事实与道理紧密结合； 3. 观点鲜明，引导社会认识； 4. 主题突出，观点正确； 5. 逻辑严密，以理服人。	20
	4. 搜集新闻事件并进行评论； 5. 编辑制作一档完整的新闻评论音频节目。	作品评审	6. 有对事实报道的特点； 7. 评论客观理性； 8. 节目完整、吸引人； 9. 音频节目制作精良。	50
（二）过程与方法目标	合作完成节目成品的过程表现。		1. 能够获取、搜集、整理信息，甄选有价值的信息； 2. 能够制订、实施工作计划； 3. 能够分析、发现、解决问题； 4. 具有理论知识的运用能力； 5. 能够及时完成工作任务。	10
（三）情感、态度、价值观目标	出勤纪律、工作态度（违反第一条，10分全无）。		1. 遵守工作纪律，自我约束力强，不迟到、早退、旷课； 2. 有职业道德与社会责任感； 3. 有较强的新闻敏感性，有一定的新闻工作者的人文关怀意识； 4. 语言沟通能力、组织协调能力强，能够与团队成员团结协作，共同完成工作任务； 5. 能够实事求是地完成工作评价，给出合理分值。	10
评分标准：优90—100分，良80—89分，及格60—79分 总分：自我评分（20%）+小组评分（30%）+教师评分（50%）				
改进建议				

模块五　综合训练

项目一　文学类综合训练

任务1 诗歌

例稿5.1

将进酒

〔唐〕李白

君不见黄河之水天上来，奔流到海不复回。
君不见高堂明镜悲白发，朝如青丝暮成雪。
人生得意须尽欢，莫使金樽空对月。
天生我材必有用，千金散尽还复来。
烹羊宰牛且为乐，会须一饮三百杯。
岑夫子，丹丘生。将进酒，杯莫停。
与君歌一曲，请君为我倾耳听：
钟鼓馔玉不足贵，但愿长醉不复醒。
古来圣贤皆寂寞，唯有饮者留其名。
陈王昔时宴平乐，斗酒十千恣欢谑。
主人何为言少钱，径须沽取对君酌。
五花马，千金裘。呼儿将出换美酒，与尔同销万古愁。

训练提示：诗篇借黄河起兴，用夸张手法，写大河之来势不可挡，大河之去势不可回。用空间范畴夸张表现黄河的久远，用“朝”“暮”之间短暂的变化形容人生短暂。两句“君不见”的呼告强化了感情色彩。朗诵时，要把握全诗大起大落的情感起伏，体会诗仙的醉意，以及诗中蕴含的快意人生的哲理。语气狂放不羁，节奏洒脱跳跃。

例稿5.2

茅屋为秋风所破歌

〔唐〕杜甫

八月秋高风怒号，卷我屋上三重茅，
茅飞渡江洒江郊。高者挂罥长林梢，下者飘转沉塘坳。
南村群童欺我老无力，忍能对面为盗贼。
公然抱茅入竹去，唇焦舌燥呼不得，归来倚杖自叹息。
俄顷风定云墨色，秋天漠漠向昏黑。
布衾多年冷似铁，娇儿恶卧踏里裂。
床头屋漏无干处，雨脚如麻未断绝。
自经丧乱少睡眠，长夜沾湿何由彻！
安得广厦千万间，大庇天下寒士俱欢颜！
风雨不动安如山。
呜呼！何时眼前突兀见此屋，吾庐独破受冻死亦足！

训练提示：诗篇以写实描述开篇，先写秋风的威力，再写自己无可奈何的情状。面对无情的大自然，诗人表现得较为平静；而面对顽劣的孩童，他真动了肝火。其实他是恨自己老迈年高，一事无成。满屋漏雨没有干爽的地方，冰冷似铁的被子怎么也睡不暖，这是怎样的生活啊！但马上，诗人从沉思中振作起来。结尾发出了由衷的感叹："安得广厦千万间，大庇天下寒士俱欢颜，风雨不动安如山。呜呼！何时眼前突兀见此屋，吾庐独破受冻死亦足！"表现了诗人推己及人、舍己为人的高尚品格，以及一种饱览民生疾苦、体察人间冷暖的济世情怀。朗诵时，要将这种情绪的转换体现出来。

例稿5.3

春天吹着口哨

刘湛秋

沿着开花的土地，春天吹着口哨。
从柳树上摘一片嫩叶，

从杏树上掐一朵小花，
在河里浸一浸，在风中摇一摇，于是，欢快的旋律就流荡起来了。
哨音在青色的树枝上旋转，它鼓动着小叶子快快地成长。
风筝在天上飘，哨音顺着孩子的手，顺着风筝的线，升到云层中去了。
新翻的泥土闪开了路，滴着黑色的油，哨音顺着铧犁的镜面滑过去了。
呵，那里面可有蜜蜂的嗡嗡？可有百灵鸟的啼啭？可有牛的哞叫？

沿着开花的土地，春天吹着口哨。
从柳树上摘一片嫩叶，
从杏树上掐一朵小花，
在河里浸一浸，在风中摇一摇，于是，欢快的旋律就流荡起来了。
它悄悄地掀开姑娘的头巾，从她们红润润的唇边溜过去。
它追赶上了马车，围着红缨的鞭子盘旋。
它吻着拖拉机的轮带，它爬上了司机小伙子的肩膀。
呵，春天吹着口哨，漫山遍野地跑；
在每个人的耳朵里，灌满了一个甜蜜的声音——早。

训练提示：根据描写，在脑海中展开一系列“活动的画面”，体验各种场景中蕴含的特定情感，产生情景交融的真切感受。

例稿5.4

雪花的快乐

徐志摩

假如我是一朵雪花，
翩翩的在半空里潇洒，
我一定认清我的方向
——飞扬，飞扬，飞扬
这地面上有我的方向

不去那冷漠的幽谷，
不去那凄清的山麓，
也不上荒街去惆怅

——飞扬，飞扬，飞扬
——你看，我有我的方向！

在半空里娟娟的飞舞，
认明了那清幽的住处，
等着她来花园里探望
——飞扬，飞扬，飞扬
啊，她身上有朱砂梅的清香！

那时我凭借我的身轻，
盈盈的，沾住了她的衣襟，
贴近她柔波似的心胸
消溶，消溶，消溶
溶入了她柔波似的心胸！

训练提示：全诗韵律和谐，富于音乐美，热烈而清新，真挚而自然。朗诵时，声音多明亮高昂，语势多上扬。

例稿5.5

远和近

顾　城

你
一会看我
一会看云
我觉得
你看我时很远
你看云时很近

训练提示：这首哲理诗短小精悍，意味隽永。朗诵时，重音的处理要细腻准确。总体原则是，句式相似的句子，一定要处理成不同的重音方式，以免听感雷同。

例稿5.6

我微笑着走向生活

汪国真

我微笑着走向生活，
无论生活以什么方式回敬我。

报我以平坦吗？
我是一条欢乐奔流的小河。

报我以崎岖吗？
我是一座大山庄严地思索！

报我以幸福吗？
我是一只凌空飞翔的燕子。

报我以不幸吗？
我是一根劲竹经得起千击万磨！

生活里不能没有笑声，
没有笑声的世界该是多么寂寞。

什么也改变不了我对生活的热爱，
我微笑着走向火热的生活！

训练提示：本诗直抒情怀、鲜活生动，第一句提出诗眼——“我微笑着走向生活”。开头一句就满带肯定的语气，为全诗奠定了坚定自信的基调。拟人与比喻的双重应用，制造出强烈的对比抒情气氛，打动读者的心灵。

例稿5.7

大　海

傅天琳

我来到了什么地方?
大海?——是大海!
仿佛,我变成了一尾鱼,
从小河游到了新的世界!

这海真大呀,
托起数不尽的浪峰,
这海真美呀,
闪烁着珊瑚的异彩。

此刻,我敢说,
世界上,谁有我幸福?!
宇宙间,谁有我畅快?!
因为我紧贴着的大海呀,
原来是祖国博大的胸怀!

我用腮,吸进最甘美的空气,
我用眼,探索最神奇的未来,
我用尾,跳起最自由的舞蹈,
我用心,打着最昂扬的节拍!

喝呀,大口地喝呀,
这海里盛着雪白雪白的奶。
祖国呀,正用她最浓最醇的奶浆,
哺育着我们年轻的一代!

训练提示: 此诗充满想象力。朗诵时,应充分运用情景再现,巧妙利用停连、重音,作出惊奇的语气上的变化。全诗整体节奏属于轻快型,但需层层递进,开头要惊喜,结尾要豪迈。

例稿5.8

光的赞歌(节选)

艾 青

每个人的一生
不论聪明还是愚蠢
不论幸福还是不幸
只要他一离开母体
就睁着眼睛追求光明

世界要是没有光
等于人没有眼睛
航海的没有罗盘
打枪的没有准星
不知道路边有毒蛇
不知道前面有陷阱

世界要是没有光
也就没有扬花飞絮的春天
也就没有百花争艳的夏天
也就没有金果满园的秋天
也就没有大雪纷飞的冬天

世界要是没有光
看不见奔腾不息的江河
看不见连绵千里的森林
看不见容易激动的大海
看不见像老人似的雪山

要是我们什么也看不见
我们对世界还有什么留恋

训练提示:用这首排比句式的诗歌练习对比性重音的处理。句式越整齐,处理越求异。

例稿5.9

夜读方志敏《清贫》(节选)

敕勒川

今夜，注定要让我经受一次洗礼，

不是那种宗教的洗礼，
是一个人对另一个人的洗礼，
是一颗心对另一颗心的洗礼

“清贫，洁白朴素的生活”，
今夜我反复念叨着这句话，
仿佛一个刚刚学会识字的小学生念着课文。

是啊，确实有一种生活值得我们学习；
有一种人，值得我们永远铭记。

“清贫，洁白朴素的生活”，
你轻声说出一个红色政党胜利的秘密。

“清贫，洁白朴素的生活”，
今夜我反复念叨着这句话，
念着，念着，
心和天，就一起亮了……

训练提示：建议在朗诵这首诗之前参阅方志敏写的《清贫》一文，体会革命家在艰苦环境中的革命乐观主义精神。

例稿5.10

青春中国

欧 震

用茫茫的夜色作墨

用疮痍的土地作纸
在鸦片战争的硝烟之后
是谁?
写下的两个字——中国
让人读得昏暗,读得疲惫
更让人读得心痛,读得悲愤
那萎缩在清末史书里的
消瘦的中国啊
那跪倒在《南京条约》里的
软弱的中国啊

那一天,无数的青年
走上了街头
面对淋漓的鲜血
面对惨淡的人生
他们的呐喊如同一阵阵惊雷
激荡着这昏睡的土地
他们就像一束束火焰
在曲折的道路中蔓延
盛开成五月绚丽的花朵

此后,他们加入到共产党人的行列中
他们义无反顾地选择了
用铁锤砸碎黑暗
用镰刀收割光明
他们走过漫道
他们越过雄关
他们驰骋疆场
他们英勇杀敌
他们要以枪杆做笔
写下一个崭新的中国
他们要以热血为色
描绘一个青春的中国

许多年后的今天

当我的目光穿越历史的峰峦
我依然可以感受到他们的呼吸
我又看见了
一群又一群的青年
那挂满汗水的面孔
我又听见了
他们嘹亮的歌声
在荒芜的土地上回荡
他们用无怨无悔的青春
在悠悠岁月中
写着一首爱的诗篇

是的，岁月悠悠、人生漫漫
那是一首激情澎湃的诗篇
那是一片开满鲜花的风景
那是一曲气势磅礴的交响
那是一座壮志凌云的丰碑

哦，中国，我要为你写一首诗
用太阳金色的语言
用心海浩瀚的蔚蓝
哦，中国，我要为你画一幅画
用春天百花的色彩
用五星红旗的光芒

今天，一个大写的中国
让人读得光明、读得酣畅
今天，一个腾飞的中国
更让人读得生动、读得自豪
这就是在世界的东方喷薄而出的
希望的中国
这就是在中国共产党领导下的
辉煌的中国
这就是我们的
青春中国

例稿5.11

我骄傲，我是中国人!

王怀让

在无数蓝色的眼睛和褐色的眼睛之中，
我有着一双宝石般的黑色眼睛，
我骄傲，我是中国人!

在无数白色的皮肤和黑色的皮肤之中，
我有着大地般黄色的皮肤，
我骄傲，我是中国人!

我是中国人——
黄土高原是我挺起的胸脯，
黄河流水是我沸腾的热血，
长城是我扬起的手臂，
泰山是我站立的脚跟。
我骄傲，我是中国人!

我是中国人——
我的祖先最早走出森林，
我的祖先最早开始耕耘。
我是指南针、印刷术的后裔，
我是圆周率、地动仪的子孙。
在我的民族中，
不光有史册上万古不朽的
孔夫子、司马迁、李自成、孙中山，
还有那文学史上万古不朽的
花木兰、林黛玉、孙悟空、鲁智深。
我骄傲，我是中国人!

在我的国土上，
不光有雷电轰击不倒的长白雪山、黄山劲松，
还有那风雨不灭的井冈传统、延安精神!

我是中国人——
我那黄河一样粗犷的声音，
不光响在联合国的大厦里，
大声发表着中国的议论，
也响在奥林匹克的赛场上，
大声高喊着“中国得分”。
当掌声把五星红旗送上蓝天，
我骄傲，我是中国人！

我是中国人——
我那长城一样的巨大手臂，
不光把采油钻杆钻进外国人
预言打不出石油的地心，
也把通信卫星送上祖先们
梦里也没有到过的白云。
当五大洲倾听东方声音的时候，
我骄傲，我是中国人。

我是中国人——
我是莫高窟壁画的传人，
让那翩翩欲飞的壁画与我们同往。
我就是飞天，
飞天就是我们。
我骄傲，我是中国人！

训练提示：例稿5.10和5.11训练的重点是抓住具体感受，充分体会情景再现。朗诵时，要感情充沛、气势磅礴。

例稿5.12

母亲之歌（节选）

〔俄〕加姆扎托夫

母亲和母亲彼此相像，
如山脉之间的重重海洋。
高山与高山彼此相像，
我从碧空中向海洋凝望。

层峦叠嶂依傍着雷雨,
越接近山岩壁越陡峭,
世上的山峰纵有万千,
没有一座比得上母亲崇高。

无论我欣喜或是悲伤,
你都是我可靠的山峰。
夜晚的星斗、黎明的霞光,
妈妈,全都被你纳入心胸。

如今,我凝视四面八方,
到处都呈现你的形象,
你在百花盛开的大地,
你在波光万顷的海洋!

训练提示: 本诗是一首赞美母爱的抒情诗,节节相承,层层递进。朗诵时,声音舒展明朗,语速徐缓。

例稿5.13

世界上最遥远的距离

〔印度〕泰戈尔

世界上最遥远的距离
不是生与死
而是我就站在你面前
你却不知道我爱你

世界上最遥远的距离
不是我就站在你面前
你却不知道我爱你
而是明明知道彼此相爱
却不能在一起

世界上最遥远的距离
不是明明知道彼此相爱
却不能在一起
而是明明无法抵挡这股思念
却还得故意装作丝毫没有把你放在心里

世界上最遥远的距离
不是故意装作丝毫没有把你放在心里
而是用自己冷漠的心
对爱你的人掘了一条无法跨越的沟渠。

训练提示：世界上最遥远的距离“不是……而是……”，深深表达了作者的悲伤与无奈之情，朗诵时语速放缓，重点处的语气转换偏沉缓。

例稿5.14

致大海（节选）

〔俄〕普希金

再见吧！自由奔放的大海！
这是你最后一次在我的眼前，
翻滚着蔚蓝色的波浪，
和闪耀着娇美的容光。

好像是朋友忧郁的怨诉，
好像是他在临别时的呼唤，
我最后一次在倾听，
你悲哀的喧响，你召唤的喧响。

你是我心灵的愿望之所在呀！
我时常沿着你的岸旁，
一个人静悄悄地，茫然地徘徊，
还因为那个神秘的愿望而苦恼心伤！

我多么热爱你的回音，
热爱你阴沉的声调，你深渊的音响，

还有那黄昏时分的寂静,
和你反复无常的激情!

渔夫们温顺的风帆,
靠了你的任性的保护,
在波涛之间勇敢地飞航,
但当你汹涌起来而无法控制时,
大群的船只就会覆亡。
我曾想永远地离开,
你这寂寞的静止不动的海岸,
怀着狂欢之情祝贺你,
并任我的诗歌顺着你的波涛奔向远方,
但我却未能如愿以偿。

训练提示: 朗诵时,注意情景再现和对象感的把握,要豪迈地诉说。

任务2 散文

例稿5.15

岳阳楼记

〔宋〕范仲淹

庆历四年春,滕子京谪守巴陵郡。越明年,政通人和,百废具兴,乃重修岳阳楼,增其旧制,刻唐贤今人诗赋于其上,属予作文以记之。

予观夫巴陵胜状,在洞庭一湖。衔远山,吞长江,浩浩汤汤,横无际涯,朝晖夕阴,气象万千,此则岳阳楼之大观也,前人之述备矣。然则北通巫峡,南极潇湘,迁客骚人,多会于此,览物之情,得无异乎?

若夫霪雨霏霏,连月不开,阴风怒号,浊浪排空,日星隐曜,山岳潜形,商旅不行,樯倾楫摧,薄暮冥冥,虎啸猿啼。登斯楼也,则有去国怀乡,忧谗畏讥,满目萧然,感极而悲者矣。

至若春和景明,波澜不惊,上下天光,一碧万顷,沙鸥翔集,锦鳞游泳,岸芷汀兰,郁郁青青。而或长烟一空,皓月千里,浮光跃金,静影沉璧,渔歌互答,此乐何极!登斯楼也,则有心旷神怡,宠辱偕忘,把酒临风,其喜洋洋者矣。

嗟夫!予尝求古仁人之心,或异二者之为,何哉?不以物喜,不以己悲,居庙堂之高则忧其民，处江湖之远则忧其君。是进亦忧，退亦忧。然则何时而乐耶？其必曰“先天下之忧而忧，后天下之乐而乐”乎。噫！微斯人，吾谁与归？

时六年九月十五日。

训练提示：这篇文章通过写岳阳楼的景色，表达了作者“先天下之忧而忧，后天下之乐而乐”的爱国爱民情怀。文辞优美，音韵和谐。朗诵时，重点训练情景再现以及语气的转换。

例稿5.16

桃花源记

〔晋〕陶渊明

晋太元中，武陵人捕鱼为业。缘溪行，忘路之远近。忽逢桃花林，夹岸数百步，中无杂树，芳草鲜美，落英缤纷，渔人甚异之。复前行，欲穷其林。

林尽水源，便得一山，山有小口，仿佛若有光。便舍船，从口入。初极狭，才通人。复行数十步，豁然开朗。土地平旷，屋舍俨然，有良田、美池、桑竹之属。阡陌交通，鸡犬相闻。其中往来种作，男女衣着，悉如外人。黄发垂髫，并怡然自乐。

见渔人，乃大惊，问所从来。具答之。便要还家，设酒杀鸡作食。村中闻有此人，咸来问讯。自云先世避秦时乱，率妻子邑人来此绝境，不复出焉，遂与外人间隔。问今是何世，乃不知有汉，无论魏晋。此人一一为具言所闻，皆叹惋。余人各复延至其家，皆出酒食。停数日，辞去。此中人语云：“不足为外人道也。”

既出，得其船，便扶向路，处处志之。及郡下，诣太守，说如此。太守即遣人随其往，寻向所志，遂迷，不复得路。

南阳刘子骥，高尚士也，闻之，欣然规往。未果，寻病终。后遂无问津者。

训练提示：这篇文章通过对桃花源安宁和乐生活的描绘，表现了作者追求美好田园生活的理想和对当时社会现实的不满。朗诵时，要注意语气的自然转换，不能破坏语意。

例稿5.17

小石潭记

〔唐〕柳宗元

从小丘西行百二十步，隔篁竹，闻水声，如鸣佩环，心乐之。伐竹取道，下见小潭，水尤清冽，全石以为底，近岸，卷石底以出。为坻，为屿，为嵁，为岩。青树翠蔓，蒙络摇缀，参差披拂。

潭中鱼可百许头，皆若空游无所依。日光下澈，影布石上，佁然不动；俶尔远逝，往来翕忽，似与游者相乐。

潭西南而望，斗折蛇行，明灭可见。其岸势犬牙差互，不可知其源。

坐潭上，四面竹树环合，寂寥无人，凄神寒骨，悄怆幽邃。以其境过清，不可久居，乃记之而去。

同游者:吴武陵，龚古，余弟宗玄。隶而从者，崔氏二小生:曰恕己，曰奉壹。

训练提示: 本文生动地描写了小石潭周围的景物以及潭中自由自在的小鱼，含蓄地抒发了作者贬官失意的孤凄之情。朗诵时，注意把握好借景抒情。

例稿5.18

千古悲歌屈原颂

燕云飞

橘树婆娑的枝叶、挺拔的树干，透出一股凛然不可侵犯的风姿。我饮木兰之露，餐秋菊之英。戴岌岌高冠，佩陆离长剑。为了楚国的千秋伟业，我修明法度，举贤授能。为了理想决不妥协从俗，为了百姓决不同流合污。

我虽遭放逐，仍眷顾楚国，心系怀王！我多么希望能重返朝廷，复兴国家，扭转时局。“举世混浊我独清，众人皆醉我独醒。”忠言直谏，伏清白以死直。

怀王啊，你听闻失灵不辨是非，你视线蒙蔽不辨真伪。

怀王啊，我怨，怨你心太荒唐，不察民情；怨你听信谗言，不解我赤胆忠心。

怀王啊，我恨，恨报国无门，恨忠良被贬。我的怀王啊，睁开你的睡眼，看一看我的一腔热血。为什么世道黑白颠倒，为什么长夜漫漫，没有尽头?

日月不淹，春秋代序。我常太息，民生艰难，我心向善，虽九死犹未悔。我愿做开路先锋，路漫漫其修远兮，吾将上下而求索。

江河呜咽，青山悲泣，阴风怒号，彤云大作。

群犬乱吠，豺狼当道。小人离间，信而见疑，忠而被谤，国都残破，人民罹难。我思前瞻后，百感交集，一步一回首，一步一挥泪，向着茫茫的江边走去……

浩荡的江水啊，翻涌着巨浪，前程渺茫，道路漫长又昏暗。谁能了解我?谁能听我诉衷肠。伯乐如今安在，千里马还有谁能来识别?江山社稷毁于旦夕，我痛心疾首啊！历史的天空下着骤雨，猎猎悲风，呼天唤地。

怀王啊，你良莠不分，大好的河山将被埋葬。切！切！切！不要留下千古遗憾。

苍天啊，空留恨，我的心可昭日月，我要以死明志。滔滔的汨罗江啊，从此后，我驾飞龙、乘瑶车、扬云霓、鸣玉鸾，遨游在广阔明丽的天空中，奏《九歌》，舞《韶》兮。永载千秋万代！

怀王啊，我去也，带着我的恨、我的梦、我的理想、我的爱。

怀王啊，我去也，带着我的情、我的心、我的悲愤、我的志。

大地悲歌，山川寂寥。声声呼唤，声声泪。

怀王啊！如果我的死可以换回你的良知，唤醒你的麻木；如果我的死可以扭转乾坤，我愿意葬身鱼腹之中，把我的心、我的血、我的泪、我的魂，献给我深爱的祖国，献给我热爱的人民。苍天啊，我的心可与日月争辉！

训练提示：本文语气转换快速，感情跨度很大。朗诵时，要运用情景再现的技巧，重点训练语气和节奏。

例稿5.19

日

巴　金

为着追求光和热，将身子扑向灯火，终于死在灯下，或者浸在油中。飞蛾是值得赞美的，在最后的一瞬间，它得到光，也得到热了。

我怀念上古的夸父，他追赶日影，渴死在旸谷。

为着追求光和热，人宁愿舍弃自己的生命。生命是可爱的。但寒冷的、寂寞的生，却不如轰轰烈烈的死。

没有了光和热，这人间不是会成了黑暗的寒冷世界么？

倘使有一双翅膀，我甘愿做人间的飞蛾。我要飞向火热的日球，让我在眼前一阵光、身内一阵热的当儿，失去知觉，而化作一阵烟、一撮灰……

训练提示：本文朴实无华，却充满诗意，赞扬了伟大的献身精神。朗诵时，注意语气的转换，尤其是重点段落（最后一段）的重音轻读。

例稿5.20

生活是什么

佚　名

有个谜语：你对它笑，它就对你笑，你对它哭，它就对你哭——这是什么？

人们都猜:这是镜子。我的朋友却不动声色地回了一句:这是生活。

举座皆惊。他却来了句妙侃:“愁眉苦脸地看生活,生活肯定愁眉不展;爽朗乐观地看生活,生活肯定阳光灿烂!”

果然有道理。

于是,我突然想起一个故事。一次,穷困的法国作家拉伯雷想去巴黎,却偏偏一分钱也没有,就故意笑眯眯地当着警察的面拿出几张白纸,分别在上面写上:送给皇后的药、送给王子的药、送给公主的药,然后在白纸里包了点红色粉末。那警察见拉伯雷行踪古怪,疑为刺客,便把他押到了巴黎,经审查排除了刺客的嫌疑,又只好把他放了——真是妙极,笑眯眯的拉伯雷一分钱没花,便平平安安地到了巴黎。

真佩服这位乐观豁达的拉伯雷,真佩服这种笑眯眯的人生态度。尤其有趣的是,笔者钻研法国文学时,居然找到了上述谜语的初版——就是拉伯雷说的:“生活是一面镜子,你对它笑,它就对你笑,你对它哭,它就对你哭。”

不是吗?如何看待生活,与人的主观世界有关,心中没有阳光的人,势必难以发现阳光的灿烂;心中没有花香的人,也势必难以发现花朵的明媚。

既然如此,以豁达的态度去面对人生吧!别小肚鸡肠,别斤斤计较,别动不动就背上沉重的十字架。

训练提示: 什么是生活?文章开头为大家埋下了伏笔。朗诵时,注意文章的层次性,准确把握作者的写作目的。

例稿5.21

头比脚高

牧 野

小时候我长得很弱小,和人打架的时候总是吃亏。记得有一次,和村里一个孩子王打架,他两脚就把我踹到了地上。他的脚很有力。

我哭着回去告诉妈妈,让她送我去学武,说要学一身绝技回来,好报仇。

想不到妈妈却说:“除了学武,你就没有别的办法赢他吗?他的脚虽然有力,可是,孩子,你还有一颗聪明的头啊,再有力的脚也没有头高啊。”

我记住了妈妈的话,并深深地理解了它。期末考试的时候,我得了全校第一。当我站在领奖台上,接受大家羡慕的掌声时,孩子王却因功课不及格而留级了,我觉得我打败了他。

“高。”它使我知道,人世间最有力的武器是智慧,只要我们头还在,任何有力的脚都不怕。

训练提示：“头比脚高”一词贯穿全文，在我记住妈妈的话并深刻理解它时，终于体会到：人世间最有力的武器是智慧。

例稿5.22

母亲的心（节选）

叶倾城

朋友告诉我：她的外婆老年痴呆了。

外婆忘了外公，忘了她从小一手带大的外孙外孙女们，只记得自己的女儿，每次看到她，脸上都会露出笑容，叫她：“毛毛，毛毛。”

有一年国庆节，来了远客，朋友的母亲亲自下厨招待客人。饭桌上外婆又有了极为怪异的行动。每当一盘菜上桌，外婆都会警觉地向四周窥探，判断没有人注意她，就在众目睽睽下夹一大筷子菜，放在自己的口袋里。宾主当然是大惊失色，却又彼此都装作没看见，只有外婆露出欢畅的笑容。上完最后一个菜，朋友的母亲才从厨房里走出来，一边问客人：“吃好了没有？”一边随手从盘子里捡些剩菜吃。这时，外婆一下子起来，用力拽女儿的手，把女儿拉到门口，警惕地用身子挡住众人的视线，然后在口袋里掏啊掏，笑嘻嘻地把刚才藏在里面的菜捧了出来，往女儿手里塞：“毛毛，我特意给你留的，你吃呀，你吃呀。”女儿双手捧着那一堆各种各样、混成一团，被挤压得不成形的菜，好久，才愣愣地抬起头，看见母亲的笑脸，她突然哭了。

当疾病切断了外婆与世界的所有联系，让她遗忘了生命的一切关联、一切爱的人，唯一不能割断的，是母女的血缘。她的灵魂已经在疾病的侵蚀下慢慢地死去，然而永远不肯死去的，是那一颗母亲的心。

训练提示：朗诵时应注意把握人物的神态，准确揭示朋友的外婆与母亲的内心情感变化，对人物产生综合感受。

例稿5.23

锣

刘　墉

据说世界上最好的锣出在中国，中国锣又以西藏的为最佳。当喇嘛寺中的铜锣响起，能在清晨晓雾中声传数百里。近听，声音沉厚而不震耳；远闻，徐音袅袅而回荡不绝。

又据说，好的锣是以整块铜板捶打而成的。制锣的师傅，由铜板边缘一圈又一圈地向锣心敲打，每一锤的轻重间隔都得恰到好处，否则声音就不均匀。所以一只大锣往往需要经过整年的时间，千万次锤打之后才能成功。而最重要的是，一只锣的好坏，就决定在最后锣心的一锤。师傅们必须在焚香膜拜之后，才举起铁锤，做那关键的一击，锤得好，便是声传百里的宝器；击得稍差，声音便不够醇厚，余音便不够袅绕，而且只要击坏了，就再也无法补救，好坏全在那最后的一锤。

在我们的人生当中，做许多事不都像锤制一面锣吗？为山九仞，常功亏一篑。经过了长久的努力，成与不成常决定于最后的一锤啊！

训练提示：此文对锣及如何制锣描写得非常详细，可作为训练语言的形象性之用，最后一段点明全文中心。

例稿5.24

散　步(节选)

莫怀戚

我们在田野上散步：我，我的母亲，我的妻子和儿子。

母亲本不愿出来的。她老了，身体不好，走远一点就觉得很累。我说，正因为如此，才应该多走走。母亲信服地点点头，便去拿外套。她现在很听我的话，就像小时候我很听她的话一样。

这南方初春的田野，大块小块的新绿随意地铺着，有的浓，有的淡；树上的嫩芽儿也密了；田野里的冬水也咕咕地起着水泡……这一切使人想起一样东西——生命。

我和母亲走在前面，我的妻子和儿子走在后面。小家伙突然叫起来：“前面是妈妈和儿子，后面也是妈妈和儿子。”我们都笑了。

后来发生了分歧：母亲要走大路，大路平顺；我的儿子要走小路，小路有意思。不过，一切都取决于我。我的母亲老了，她早已习惯听从她强壮的儿子；我的儿子还小，他还习惯听从他高大的父亲；妻子呢，在外边，她总是听我的。一霎时我感到了责任的重大。我想找一个两全的办法，找不出；我想拆散一家人，分成两路，各得其所，终不愿意。我决定委屈儿子，因为我伴同他的时日还长。我说：“走大路。”

但是母亲摸摸孙儿的小脑瓜，变了主意：“还是走小路吧。”她的眼随小路望去：那里有金色的菜花、两行整齐的桑树、尽头一口水波粼粼的鱼塘。“我走不过去的地方，你就背着我。”母亲说。

这样，我们在阳光下，向着那菜花、桑树和鱼塘走去。到了一处，我蹲下来，背起了母亲；妻子也蹲下来，背起了儿子。我的母亲虽然高大，然而很瘦，自然不算重；儿子虽然很胖，毕竟幼小，自然也轻。但我和妻子都是慢慢地、稳稳地，走得很仔细，好像我背上的同她背上的加起来，就是整个世界。

训练提示：这篇文章充满生活情趣，开头的描述要把握好对象感，中间的描述要注意情景再现。

例稿5.25

蚕

雷抒雁

她在自己的生活中织下了一个厚厚的茧。

那是用一种细细的、柔韧的、若有若无的丝织成的，是痛苦的丝织成的。

她埋怨、气恼，然后就是焦急，甚至折磨自己，同时用死来对突不破的网表示抗议。

但是，她终于被疲劳征服了，沉沉地睡过去。她做了许多的梦，那是关于花和草的梦，关于风和水的梦，关于太阳和彩虹的梦，还有关于爱的追求以及生儿育女的梦……

在梦里，她得到了安定和欣慰，得到了力量和热情，得到了关于生的可贵。

当她一觉醒来，她突然明白拯救自己的，只有自己。于是，她便用牙齿把自己吐的丝一根根咬断，咬破自己织下的茧。

果然，新的光芒向她投来，像云隙间的阳光刺激着她的眼睛。新的空气，像清新的酒，使她陶醉。

她简直要跳起来了！

她简直要飞起来了！

一伸腰，果然飞起来了，原来就在她沉睡的时刻，背上长出了两片多粉的翅膀。

从此，她便记住了这一切，她把这些告诉了子孙们：你们织的茧，得你们自己去咬破！

蚕，就是这样一代代传下来。

训练提示：朗诵者应把握寓意性散文的语言特点，恰如其分地处理好语气的高低、强弱，节奏的快慢、急缓，把握散文“形散神聚”的特点。

例稿5.26

温 柔

高 低

温柔，你曾尝过吗？你给予过么？

绕梁的紫燕是温柔的，它要用这种美好的东西来熏陶哺育后辈。待烈日曝晒过后的月光是温柔的，它把平和、清凉的银辉洒向大地，轻缓地抚慰被灼伤的记忆。滴答滴答的台钟是温柔的，它安稳而又体贴地踱着，从不惊扰香甜的美梦。少女的心地是温柔的，一个姑娘如若不具备这点，那她还能有多少魅力呢？

有的人，躺在妈妈怀里撒娇的时候是温柔的，以后命运将其拨弄得不成样子，温柔随同人的价值被一起拍卖了。有的人，生来匮乏温柔的细胞，可是几经风雨之后，生命之树的根部却长出了温柔这只蘑菇。

诚然，温柔常与爱恋、仁慈为伍，常跟宽厚、善良做伴。不过，谁要以为温柔同“软弱无力”有什么瓜葛，那就有失公允了——春风算得上温柔了吧？它从冻结的河面上走过，坚冰竟然出现了裂缝。友谊也应该是温柔的吧？可它能叫铁骨铮铮的硬汉愧悔不已，潸然泪下。

温柔，何其神奇微妙的东西。你几乎看不见、听不出、摸不着，却能感受得到。它是一种慈祥、热诚、仁厚、道义和爱的结晶体，它坚强有力，它与美丽共存。

训练提示：本文非常适合训练抓住具体感受，短短的文字包含了对视觉、听觉、触觉等不同的感受。朗诵时，注意语气的柔和和对重点字词的把握，例如“紫燕”“坚冰”“潸然泪下”等。

例稿5.27

心田上的百合花（节选）

林清玄

在一个偏僻遥远的山谷，有一个高达数千尺的断崖。不知道什么时候，断崖边上长出了一株小小的百合。百合刚刚诞生的时候，长得和杂草一模一样。但是，它心里知道自己并不是一株野草。它的内心深处，有一个纯洁的念头：“我是一株百合，不是一株野草。唯一能证明我是百合的方法，就是开出美丽的花朵。”

有了这个念头，百合努力地吸收水分和阳光，深深地扎根，直直地挺着胸膛。终于，在一个春天的清晨，百合的顶部结出了第一个花苞。

百合的心里很高兴，附近的杂草却很不屑，它们在私下嘲笑着百合："这家伙明明是一株草，偏偏说自己是一株花。我看它顶上结的不是花苞，而是头脑长瘤了。"公开场合，它们则讥讽百合："你不要做梦了，即使你真的会开花，在这荒郊野外，你的价值还不是跟我们一样。"

百合说："我要开花，是因为我知道自己有美丽的花；我要开花，是为了完成作为一株花的庄严使命；我要开花，是由于喜欢以花来证明自己的存在。不管有没有人欣赏，不管你们怎么看我，我都要开花！"

在野草和蜂蝶的鄙夷下，野百合努力地释放着自身的能量。有一天，它终于开花了。它那灵性的洁白和秀挺的风姿，成为断崖上最美丽的花。这时候，野草与蜂蝶再也不敢嘲笑它了。

夜的露水，只有百合自己知道，那是极深沉的欢喜所结的泪滴。年年春天，野百合努力地开花、结籽。它的种子随着风，落在山谷和悬崖上，到处都开满洁白的野百合。

几十年后，无数的人，从城市、从乡村，千里迢迢赶来欣赏百合开花。人们看到这从未见过的美，感动得落泪，触动内心那纯净温柔的一角。

不管别人怎么欣赏，满山的百合花都谨记着第一株百合的留言："我们要全心全意默默地开花，以花来证明自己的存在。"

训练提示：林清玄先生笔下的"百合花"不仅开在了断崖上，也开在了我们的"心田上"。百合花的信念告诉我们：不管别人说什么，也不管环境多么糟糕，只要自己设定了目标，并付诸行动，你的价值总有一天会显现出来。朗诵此文重在语气和感受。

例稿5.28

村（节选）

〔俄〕屠格涅夫

这是六月的最后一天，在周围一千俄里之内，便是俄罗斯——我的故乡。

均匀的蓝色染满了整个天空，天上只有一片云彩——不知是在漂浮呢，还是在消散。没有风，天气晴和……空气像新鲜牛奶那样清静！

云雀在高声鸣叫；鼓胸鸽在咕咕低语；燕子在静悄悄地飞翔；马儿有的在打着响鼻，有的在嚼草；狗儿没有发出吠声，站在一旁温驯地摇着尾巴。

一条深深的斜谷，两边种着成排的杨树，树枝婆娑，下面的树干却已龟裂了。一条小溪沿着山谷流去，透过碧清的涟漪，溪底的小石仿佛在颤动。远处，在天和地的交界线上，出现了一条大河的碧流。

沿着山谷——一边是整齐的小粮仓、门儿紧闭的小堆栈;另一边是五六间薄木板屋顶的松木小农舍,每个屋顶都竖着一根长长的椋鸟竿,每家门前都有一匹结实健壮的短鬃小马。粗糙不平的窗玻璃上,辉映出虹的色彩,木板套窗上描绘了花瓶。每座小农舍前,都端端正正地摆着一张完好的条凳;猫儿在土堆上蜷曲成团,耸着透明的耳朵;高高的门槛外边,是凉爽幽暗的阴影。

我铺开马衣,躺在山谷的边缘,周围是一堆堆香气扑鼻、刚刚割下的干草堆。机灵的农人们,把干草散放在小农舍前边:让它们在向阳处晒得更干透一些,然后再从那儿放到草棚去。要是睡在那上面,就再舒服不过了!

孩子们卷发的头,从每个干草堆里钻出来;有冠毛的母鸡,在干草中寻着觅蚊蚋和甲虫;一只纯白小狗,在蓬乱的草堆里翻滚。

亚麻色头发的少年们穿着洁净的低束着腰带的衬衫,足蹬笨重的镶边皮靴,胸部靠在卸了马的大车上,彼此交谈着有趣的话题,谑笑着。

一个圆脸的年轻女人,从窗口伸出头来探望。她笑着,不知是听了他们的话发笑呢,还是在笑干草堆里喧闹的孩子们。

另一个年轻女人用两只有力的手,从井里拉出一个湿淋淋的大吊桶,吊桶不住地颤抖,在绳子尾端摇晃,掉出长长的闪光的水滴。

在我面前,站着一个老农妇,穿着新的方格布裙子和崭新的毛皮鞋。

一挂大空心串珠在她黝黑干瘦的脖子上绕了三圈;一块染有红点点的黄色头巾裹着她的头发,直垂到黯淡无神的眼睛上边。

可是,她那对老眼睛却含着欢迎的笑意;整张布满皱纹的脸上,堆满了笑容。想必这老农妇已经年逾七旬了,然而即使是现在,也还可以看出来:她年轻时候曾是个美人。

她伸开晒黑的右手手指,直接从地窖里拿出一壶上面浮着一层奶酪的冷牛奶;壶唇四边沾着点点奶汁,好像一串串珍珠。老农妇用右手递给我一大块热烘烘的面包。"吃吧,"她说,"祝您健康,远方的客人!"

一只雄鸡忽然高声啼鸣,并且不住地拍着翅膀,响应它的是一头拴着的牛犊不急不忙的哞哞声。

"啊呀,多好的燕麦啊!"传来我的马车夫的话声。

呵,俄罗斯自由之村的富足、宁静、富饶啊!呵,和平和幸福啊!

我于是想:对这儿的人来说,君士坦丁堡的圣索菲亚教堂圆顶上的十字架以及我们城里人所孜孜追求的一切,又算得上什么呢?

训练提示:本文既有自然景观描写,也有人物描写,将人和动物的形、声、貌活灵活现地展现在美丽如画的景色中。朗诵时,要充分把握不同景物、不同形象的特点,抓住具体感受。

任务3 寓言

例稿5.29

钻石和萤火虫

一天晚上，一个年轻女子在花园的平台上散步时，戒指上的钻石不小心掉了下来。一只萤火虫看到它坠落时那一瞬的光彩，等它的光芒在夜色中显得黯淡时，就嘲讽、羞辱它。“你不是很了不起吗？你不是吹嘘自己光彩夺目吗？但是现在你鼓吹的光芒呢？哎呀！在那不幸的时刻，命运之神将你抛入我这无与伦比的光辉之下了。”

“自以为是的小虫子！”宝石回答，“你微弱的亮光不过是得益于周围的黑暗而已。要知道，我的光芒经得起白昼的考验，并能从白昼的光芒中获得能量，而这光芒却显示你是一只微不足道的小虫！”

训练提示：文中萤火虫的幸灾乐祸与钻石的坚定自信形成了鲜明对比，朗诵时，应准确把握这两种语气和情绪。

例稿5.30

男孩和核桃

一次，一个小男孩在妈妈的厨房里看到一个罐子，里边装满核桃和葡萄干。他把手伸了进去，用力抓了一大把。可当他想把手拿出来时，却发现抓着东西的手根本拿不出来，因为罐口太小了。

“怎么办呀？”他哭道，“我的手会永远卡在罐子里拿不出来了。”

这时，妈妈进来了。

“不会吧？”妈妈说，“不用慌，你试着把核桃和葡萄干放下一半，就会发现手很容易拿出来了。”

训练提示：为什么男孩的手可以伸进罐子却拿不出来？母亲怎么说的？挖掘母亲的话中包含的寓意性内在语。

例稿5.31

烤天鹅的故事

刘征

一阵阵馋人的香味透出厨房,
热烘烘的烤炉里正在吱吱作响。

“大嫂,在烤什么山珍海味?”
窗外的田鼠对窗里的蛤蟆大声叫嚷。

“他大叔,不是鸡雏也不是麻雀,
是一只仙鸟,羽毛跟白雪一样。”

“怎么,弄到了一只天鹅吗?
你真有通天的本事,不比寻常。”

田鼠的话蛤蟆打心眼儿里爱听,
她打开话匣子拉起家常:
“看你说的,我也没什么本事。
事在人为嘛,还不是靠朋友帮忙。
你知道,池塘管理员鸬鹚爱吃鱼,
我送了几条上好的鲤鱼请他品尝。
一来二去,我们成了够得着的朋友,
经他介绍,我跟飞禽界有了来往。”

“由鸬鹚我结识了鼎鼎大名的仙鹤,
由仙鹤又结识了老雕,那山林之王。
后来,我跟雕夫人拜了干姐妹,
她爱吃螃蟹,前些天我送去一筐。”

“雕夫人陪我走进她家的餐厅,
我第一次吃到天鹅肉,又嫩又香。
我请求她帮我弄一只天鹅,

很快她就满足了我的愿望。”

“这下子，你全家可以饱餐一顿，
也许我能分一碗美味的鹅汤。”

“不行！不瞒您说，他大叔！
这稀罕物儿我早已安排了用场。”

“我打算请喜鹊先生来吃个便饭，
他才真正通天，能见到织女牛郎。
如果他肯赏脸来尝尝天鹅的味道，
通过他，就不难弄到天上的凤凰。”

且住！我这该死的笔胡诌些什么？
蛤蟆能吃到天鹅肉，岂不荒唐！
但“关系”是笑眯眯的特殊许可证，
不久，凤凰就会放进蛤蟆的烤箱。

训练提示：从“‘关系’是笑眯眯的特殊许可证”这句话中，说说这篇寓言诗的主旨含义是什么，试用一句话概括。朗诵时，把握蛤蟆得意的语气、田鼠羡慕的语气。

例稿5.32

木偶探海

刘征

木偶想测量一下大海的深浅，他到海上游历了一番，回到沙滩上，就召集大家作报告了。

“嗨！人们常说海是很深的，其实并不然。我在海上游历了好几个月，走了好几十里，可是，水只能浸湿我的后背。此外，我还观察了海鸥，它们从高空猛力冲下来，海水也不曾没过它们那小小的胸脯……”

话还没说完，会场就乱起来了。螃蟹在嗤嗤地窃笑，老蚌挥着两片硬壳乱打，连脚下数不清的泥沙也乱糟糟地吵起来了。于是木偶大怒，用手拍着讲台大叫道：“你们嚷什么？难道我错了吗？难道我这从实际中得来的知识会是假的？难道……”

怎么能和一个对一切事物的认识都浮在表面的人说得清楚呢?他以为自己什么都知道,可是他却不明白,要想真正知道,就得钻进去,只浮在表面上是不行的。

训练提示:木偶作探海报告时语气应该带有什么色彩?螃蟹窃笑、老蚌乱打,以致木偶大怒,这时木偶的语气应该带有什么色彩?注意语气转换前后要形成鲜明的对比。

任务4 童话

例稿5.33

春天的童话

春天来了,春天来了,春雨像调皮的小朋友一样从天上落下来,落到小草弟弟身上。小草弟弟伸了伸懒腰,探出头来说:“春雨姐姐叫我干吗呀?我还没有睡醒呢!”

春雨姐姐说:“别睡了,快起来吧,你还要叫小花起床呢。”

小草来到小花那儿,大声喊:“小花起床了。”

小花也伸了伸懒腰,把自己身子挺得直直的。

突然,雷公公打了一个喷嚏,把一些小动物给吵醒了。小青蛙从井底跳上来,来到小熊家,说:“熊哥哥起床了。”

小熊说:“别叫我,现在还是冬天吧,如果我起来,会很冷的。”

小青蛙笑呵呵地说:“现在已经春天了,到处开满了鲜花,小动物们都起来了。你也快起来吧,外面多么舒服呀!”

小熊一听,马上爬起来,挪动胖乎乎的身子走到外面,一看,到处都是暖洋洋的。

桃花姐姐最爱美了,一张粉红色的脸特别漂亮,每天对着镜子照来照去,自己还对着镜子夸耀着自己的美丽。

柳树姐姐也不逊色,她梳理着自己美丽而修长的绿发,微风一吹,翩翩起舞。

到处都是春光明媚的景象。

训练提示:这篇文章用拟人的手法细致地描写了春天万物复苏的景象,有利于调动朗诵者的视、听、嗅等知觉。朗诵时,注意体会其中的情和景,尤其要注意语言中的形象感受。

例稿5.34

女娲补天

天上的大神女娲，美丽又善良。她用泥土做成泥娃娃，再赋予它们生命。女娲创造了人，从此人们世世代代繁衍生息，过着幸福的生活。然而好景不长，有一年，火神祝融和水神共工打起仗来，共工把撑天的柱子不周山撞倒了，天塌下半边，砸出了很多窟窿，把地也砸裂了，地上的洪水与天河的水不停地流，造成大地上水患、火灾不断，真是悲惨啊！

女娲为了解救人类，决定用五色石把天补起来，再用东海神龟的四只脚顶住苍天。眼看着补天的大功就要告成，却发现五色石不够用。这可怎么办呢？慈悲的女娲只好牺牲自己的生命，用身体来补天上的大洞。

经过几次努力，女娲终于补好了天，天地间恢复了宁静，还出现了五彩云霞。大地又充满了生机。

训练提示：女娲为世间万物的生存而献身，显示出女娲的不朽与伟大。请结合对故事的理解，准确分析、把握朗诵的节奏类型。

例稿5.35

蚊子和狮子

有只蚊子飞到狮子那里，说："我不怕你，你也并不比我强多少。你的力量究竟有多大？是用爪子抓，还是用牙齿咬？仅这几招，女人同男人打架时也会用。可我却比你要厉害得多。你若愿意，我们不妨来比试比试。"蚊子吹着喇叭，猛冲上前去，专咬狮子鼻子周围没有毛的地方。狮子气得用爪子把自己的脸都抓破了，最后终于要求停战。蚊子战胜了狮子，吹着喇叭，唱着凯歌，在空中飞来飞去，不料却被蜘蛛网粘住了。蚊子快被蜘蛛吃掉的时候，悲叹道："我已经战胜了最强大的狮子，想不到却被这小小的蜘蛛所消灭。"

训练提示：准确分析故事中蚊子的两次说话分别用的是什么语气，最后一句话用回味式内在语表现。

例稿5.36

铁罐和陶罐

国王的御厨里有两只罐子：一只是陶的，一只是铁的。骄傲的铁罐看不起陶罐，常常奚落它。

“你敢碰我吗？陶罐子！”铁罐傲慢地问。

“不敢，铁罐兄弟。”谦虚的陶罐回答。

“我就知道你不敢，懦弱的东西！”铁罐摆出一副轻蔑的样子。

“我确实不敢碰你，但不能说是懦弱，”陶罐不卑不亢地说，“我们的任务是盛东西，并不是互相碰撞。在完成我们的本职任务方面，我不见得就比你差。再说……”

“住嘴！”铁罐愤怒地喝道，“你怎敢和我相提并论！你等着吧，要不了几天，你就会破成碎片，完蛋了！我却永远在这里，什么也不害怕。”

“何必这样说呢？”陶罐说，“我们还是和睦相处好，吵什么呢！”

“和你在一起我感到羞耻，你算什么东西！”铁罐说，“我们走着瞧吧，总有一天，你要变成碎片的！”

陶罐不再理会。

时间不断地向前推移，世界上发生了许多事情。王朝覆灭了，宫殿倒塌了。一个世纪连着一个世纪。两只罐子遗落在废墟里，上面积满了尘土。

也不知过了多少年。终于有一天，人们来到这里，挖开厚厚的土，发现了那只陶罐。

大家把陶罐捧起，把它身上的泥土刷掉，擦洗干净。原来，陶罐竟和当年在御厨的时候完全一样：朴素、美观，釉色乌黑锃亮。

“一只多美的陶罐！”一个人说，“小心点，千万别把它弄破了，这是古代的东西，很有价值的。”

“谢谢你们！”陶罐兴奋地说，“我的兄弟铁罐就在我的旁边，请你们把它挖出来吧，它一定闷得够呛。”

人们立即动手，把土挖了一遍又一遍，但一点铁罐的影子也没找到。

铁罐不知在什么年代便氧化了。人们只发现几块锈蚀不堪的铁片，而且还不能断定是不是铁罐的残余。

训练提示：细心体会文章前半段铁罐与陶罐的对话，准确把握角色的性格特点。铁罐骄傲自大，陶罐谦虚友善。朗诵后半段时，准确体会描述两只罐子的不同内在语的含义。

例稿5.37

豌豆公主

〔丹麦〕安徒生

从前有一位王子，他想找一位公主结婚，并为此走遍了全世界，公主有的是，不过他没有办法断定她们究竟是不是真正的公主。她们总是有些地方不大对头。结果，他只好回家来，心中很不爽。

一天晚上，忽然下了一阵可怕的暴风雨。天空电闪雷鸣，让人害怕。这时，有人敲门，老国王走过去开门。

站在城门外的是一位美丽的女孩。可是，天哪，经过了风吹雨打之后，她的样子是多么难看啊！雨水沿着她的头发和衣服向下流，流进鞋尖，又从鞋跟流出来。

她说她是一位真正的公主。

“我们马上就可以查出来。”老皇后心里想。可是，她什么也没说，而是径直走进卧房，把所有的被褥都搬开，在床榻上放了一粒豌豆。她取出二十床垫子，把它们压在豌豆上。随后，她又在这些垫子上放了二十床鸭绒被。

公主夜里就睡在这几十床被子上面。早晨大家问她昨晚睡得怎么样。“啊，一点儿也不舒服！”公主说，“我差不多整夜没有合上眼呢！床上有一粒很硬的东西硌着我，弄得我全身发紫！”

现在大家看出来了，她是一位真正的公主。因为压在这二十床垫子和二十床鸭绒被下面的一粒豌豆，她居然还能感觉得出来。除了真正的公主，任何人都不会有这么嫩的皮肤。

那位王子就选她为妻了，因为得到了一位真正的公主，他可开心了。

这粒豌豆因此被送进了博物馆。人们现在还可以在那儿看到它呢！

训练提示：朗诵时，体会不同场景中蕴含的丰富的情感，产生具体的心理感受。如公主刚出现时，国王一家是怀疑的；公主说有东西硌着她时，国王一家是高兴的，因为她是一位真正的公主。

任务5 台词对白

例稿5.38

茶馆(节选)

老 舍

王利发独白:

唉!我呀,做了一辈子顺民,见谁都请安,鞠躬,作揖。我只盼着呀,孩子们有出息,冻不着,饿不着,没灾没病!可是日本人在这儿,二栓子跑啦,老婆想儿子,想死啦。好容易日本人走啦,该缓口气儿了吧?谁知道(惨笑)——改良!我老没忘记改良啊,总不肯落在人家后头。卖茶不行啊,开公寓。公寓没啦,添评书!评书也不叫座儿呀,好,不怕丢人,想添女招待!人总得活着吧?我变尽法儿,不过是为了活下去!是呀,是呀,该贿赂的我就递包袱。我可没做过缺德的事,伤天害理的事,为什么就不叫我活着呢?我得罪了谁?谁呀?!皇上、娘娘那些狗男女都活得有滋有味的,单不许我吃窝窝头,谁出的主意?

瞧,四爷遇到出殡的,就捡了几张纸钱,说是死了没有寿衣,没有棺材,就只好给自己预备下点纸钱吧。(惨笑)好啊,好,自己祭奠自己吧。把纸钱撒起来,就照老年间出殡的规矩喊喊!——四角的更夫,本家赏钱一百二十吊……一百二十吊——

训练提示:台词训练尤其要注意对象感,要准确把握人物的内心世界,分析人物的出身、年龄、经历、职业、地位、性格等。

例稿5.39

大染坊(节选)

陈 杰

人物:卢老爷、夫人、家驹(大少爷)、翡翠(大少爷夫人)、丫头仆人们
地点:山东张店卢府

第一幕

在大少爷的厢房之中(大少爷夫妇俩准备去给老爷夫人请安。大少爷正在洗脸,翡翠在旁

边双手拿着毛巾站着）

翡翠： 相公，水热不？

家驹：（正在洗脸，听到之后抬起头）我一回来就向你交代过了，不能叫相公，我是留学生（接过妻子手中的毛巾擦了擦脸），你整天相公相公的，叫得我像前清县官儿。就叫我家驹（拿毛巾擦擦手）。

翡翠： 我不敢。

家驹： 有什么不敢的（说着把毛巾给了翡翠），在西洋，夫妻之间都叫亲爱的，你怕什么？我出过一阵子洋，什么都看到了（说着拿起了小马甲穿上）。中国呀，毁就毁在了这些没有用的礼数上面。我在德国的时候（拿起桌上的手表戴上），看到一个外国人写中国人的笑话，说甲午战争之所以失败，就是因为礼数太多，炮手装颗炮弹，冲着管带一磕头，问该不该放，等磕完头回来的时候，日本的炮弹都已经打过来了。你说要这么多没有用的礼数干什么？以后啊，守着爹，不叫，咱俩的时候，就叫我家驹。先叫一个给我听听。

翡翠： 家驹哥。

家驹： 刚出了前清，又进了话本儿，把那个字去掉，重新叫。

翡翠： 家驹。

家驹： 嗯——这就对了嘛，叫习惯就自然了。新时代、新女性，没事的时候，我教你拉拉琴，说说洋文。

（说着翡翠就把凳子上的西装给家驹穿上）

家驹： 我的领带。

翡翠： 昨天晚上我给洗啦。

家驹：（有点急）哎呀，这领带不能用水洗。还不错，没把西装给洗了（有点讽刺）。

翡翠： 那、那脏了怎么办呢？

家驹： 脏了你就放在那，千万不要洗，我会捎到上海去洗的（边说边去拿一条新领带）。

翡翠：（跟着家驹询问）洗件衣服还要去上海？

家驹： 翡翠啊，咱俩有些事得慢慢来，一时半会也给你说不明白（这时已经把领带拿出来准备系上）。从今天晚上开始，我就给你讲什么是进步，什么是落后（边打领带边说）。现在，给咱爹请安去，这个礼数还是不能破的。

训练提示： 了解故事背景，分析人物角色个性，注意台词内在语的处理。

例稿5.40

离开雷锋的日子(节选)

王兴东

乔安山的妻子:

你们可把老乔给坑苦了!就这么说句对不起就完了?都别走!你们扣了老乔的身份证,你们也不好好看看,乔安山,男,汉族,一九四一年五月二十九日生,这张身份证证明老乔是一个堂堂正正的中国公民。他懂得救死扶伤,多行善事,可你们是怎么对待他的呢?你们不去调查真正的肇事者,又不愿给老人拿药费,咬住老乔不放,调查他的历史,你们用雷锋的死来戳他的心窝子。正是因为雷锋的死,他要像雷锋那样活,遇事都要想一想雷锋会怎么做。他见你家老人路边求救,送到医院,可你们对他这么无情无义!他姓黄的撞了你父亲,他是车祸的肇事者,可你们诬陷老乔,你们是他精神创伤的肇事者。你们想过吗?你们为了这点医药费,红口白牙地咬住老乔不放,逼人啊!昨天他去了雷锋墓,他连死的心都有了。咱们都是唱着《学习雷锋好榜样》走到今天的。如果没有雷锋的精神,还有这位被救老人的今天吗?我不是为我的丈夫争理,我想为这社会讨一个公道,为雷锋精神做一个证明。

训练提示: 台词对白尤其要把握好人物语言的特点,分析人物的性格和语言习惯。准确把握内在语和对象感,塑造人物形象。念这段台词时,要考虑肢体语言的运用。

例稿5.41

哈姆雷特(节选)

〔英〕莎士比亚

哈姆雷特: 母亲,有什么事情?

王　　后: 哈姆雷特,你把你父亲大大得罪了。

哈姆雷特: 母亲,你把我父亲大大得罪了。

王　　后: 好了,好了,你的回答真是瞎扯。

哈姆雷特: 得了得了,你的问话别有用心。

王　　后: 怎么了,哈姆雷特?

哈姆雷特: 什么又怎么了?

王　　后: 你忘了是我……

哈姆雷特：我没有忘，没有！你是皇后，你丈夫弟弟的妻子。我真希望你不是我的母亲。

王　　后：好，我去叫会说话的跟你说。

哈姆雷特：来来，你坐下来，你不许动。我要在你面前竖一面镜子，叫你看一看你的内心的最深处。

（哈姆雷特早就疑心幕布后面有耳朵，他一剑刺了过去。）

王　　后：救命，救命！（波洛纽斯：救命，救命……）

哈姆雷特：什么？耗子，死吧，我叫你死。

王　　后：啊！

哈姆雷特：死吧！

王　　后：你干什么了？（她不知道是波洛纽斯老头，谁叫他多管闲事，自己找上门来，这下不仅没有了耳朵，连命也搭上了，活该！）

王　　后：哦……好一桩鲁莽血腥的行为。

哈姆雷特：血腥的行为？母亲，这跟杀死一位国王再嫁给他的兄弟一样狠了。

王　　后：杀死国王？

哈姆雷特：对，母亲，正是这句话。

（不管母亲怎样哭个不停，哈姆雷特决心要伤透她的心。）

哈姆雷特：别老拧着你的手，你坐下来，让我拧拧你的心。我一定要拧，只要你的心不是石头做成的。

王　　后：到底什么事，你敢这么粗声粗气的。

哈姆雷特：瞧你干的好事啊，你玷污了贤惠的美德，把贞操变成伪善，从真诚的爱情的熔岩上夺去了玫瑰色的光彩，画上道伤痕，把婚约都变成了赌鬼的誓言。

王　　后：到底什么事？

哈姆雷特：请你看看这幅画像，你再看这一幅。这就是他们兄弟俩的画像。这一幅面貌是多么的风光啊，一对叱咤风云的眼睛，那体态活像一位英勇的神灵刚刚落到摩天山顶，这副十全十美的仪表仿佛天神特意选出来向全世界恭推这样一位完人——这就是你的丈夫。你再看这一个——你现在的丈夫，像颗烂谷子，就会危害他的同胞，你看看这绝不是爱情啊。像你这样的岁数，该理智了，而什么样的理智会叫你这么轻佻呢？是什么迷了你的心呢？羞耻啊，你不感到羞耻么？

王　　后：哦，哈姆雷特，别说了，你让我看清了自己的灵魂，看见里面有许多黑点，洗都洗不干净 。

哈姆雷特：嘿，在床上淋漓的臭汗里过日子，守着肮脏的猪圈无休止地放纵。

王　　后：哦，哈姆雷特，别再说了，这些话就像一把把尖刀，别说了，哈姆雷特。

哈姆雷特：一个凶犯，一个恶棍、奴才，不及你先夫万分之一的奴才，一个窃国盗位的扒手，从衣服架子上偷下皇冠装进了他自己的腰包。

王　　后：别说了。

哈姆雷特：一个耍无赖的——国王。

训练提示：这是莎士比亚经典剧作《哈姆雷特》中的经典台词，要重点把握台词的语气和节奏，将哈姆雷特失望、伤心、愤怒的情绪表现出来。

任务6 小说片段

例稿5.42

春(节选)

巴 金

琴进了淑贞的房间。淑贞坐在窗前拿着一只青缎子的鞋面在绣花。她听见琴的脚步声便抬起头，看见是琴，惊喜地唤声：“琴姐。”就放下鞋面站起来。她的脸上并没有泪痕，但两只眼睛却肿得像胡桃一般。脸上也没有擦粉，她的瘦小的脸庞愈显得憔悴了。

琴心里一软，觉得有些难过，就安慰她道：“四表妹，大清早，你就哭成了这个样子，究竟是为了什么事情？何苦来！”

淑贞听见这话，鼻头一阵酸痛，忍耐不住，眼泪就滚了出来。她轻轻地悲声说：“妈一点也不体贴我，就只拿我当出气筒。昨晚上骂了我半夜。今早晨她睡在床上，又把我喊去，说不准我进书房读书了。她教我勤快地做针线、绣花……”她说到这里再也接不下去，就坐在藤椅上，把头俯在书桌上面抽抽噎噎地哭起来。

琴被淑贞这一哭，把心里也搅乱了。她极力压抑住悲痛的感情，走到淑贞的身边，扳起她的头，摸出手帕来替她揩眼泪，一面柔声劝道：“不要哭了。任何事情都有办法可想。五舅母也许是一时动气，过了两天多半会后悔的。你也不要认真才好。”

淑贞想止住哭，却不能控制自己的感情，她把头靠在琴的胸前，断断续续地说：“你不晓得妈的脾气。她比哪个都任性。她一点也不体贴我。她恨我！”

琴不禁微微地笑了，她更柔和地说：“四表妹，你真是个小孩子。你怎么会有这种念头？五舅母是你的母亲，哪有做母亲的恨女儿的道理？你不要这样胡思乱想！”

“你不明白。她恨我，我晓得她恨我！”淑贞激动地分辩道。“妈亲口对我说过她恨我，因为我不是一个男人，将来不能够替她出一口气。妈还怪我长得不好看。妈恨爹，因为爹总是欺负她。她要一个儿子来替她出气。我偏偏是一个女儿，我又没有哥哥弟弟。所以她恨我……”

训练提示：《春》表现的是对封建家庭的控诉和批判，描写了丑恶的封建婚姻制度对女性的摧残。请通过演播训练，塑造出生动的人物形象。

例稿5.43

药（节选）

鲁　迅

西关外靠着城根的地面，本是一块官地；中间歪歪斜斜一条细路，是贪走便道的人，用鞋底造成的，但却成了自然的界限。路的左边，都埋着死刑和瘐毙的人，右边是穷人的丛冢。两面都已埋到层层叠叠，宛然阔人家里祝寿时的馒头。

这一年的清明，分外寒冷；杨柳才吐出半粒米大的新芽。天明未久，华大妈已在右边的一座新坟前面，排出四碟菜，一碗饭，哭了一场。化过纸，呆呆的坐在地上；仿佛等候什么似的，但自己也说不出等候什么。微风起来，吹动她短发，确乎比去年白得多了。

小路上又来了一个女人，也是半白头发，褴褛的衣裙；提一个破旧的朱漆圆篮，外挂一串纸锭，三步一歇的走。忽然看见华大妈坐在地上看她，便有些踌躇，惨白的脸上，现出些羞愧的颜色；但终于硬着头皮，走到左边的一座坟前，放下了篮子。

那坟与小栓的坟，一字儿排着，中间只隔一条小路。华大妈看她排好四碟菜，一碗饭，立着哭了一通，化过纸锭；心里暗暗的想，“这坟里的也是儿子了。”那老女人徘徊观望了一回，忽然手脚有些发抖，跄跄踉踉退下几步，瞪着眼只是发怔。

华大妈见这样子，生怕她伤心到快要发狂了；便忍不住立起身，跨过小路，低声对她说，“你这位老奶奶不要伤心了，——我们还是回去罢。”

那人点一点头，眼睛仍然向上瞪着；也低声吃吃的说道，“你看，——看这是什么呢？”

华大妈跟了她指头看去，眼光便到了前面的坟，这坟上草根还没有全合，露出一块一块的黄土，煞是难看。再往上仔细看时，却不觉也吃一惊；——分明有一圈红白的花，围着那尖圆的坟顶。

她们的眼睛都已老花多年了，但望这红白的花，却还能明白看见。花也不很多，圆圆的排成一个圈，不很精神，倒也整齐。华大妈忙看她儿子和别人的坟，却只有不怕冷的几点青白小花，零星开着；便觉得心里忽然感到一种不足和空虚，不愿意根究。那老女人又走近几步，细看了一遍，自言自语的说，“这没有根，不像自己开的！这地方有谁来呢？孩子不会来玩；——亲戚本家早不来了。——这是怎么一回事呢？”她想了又想，忽又流下泪来，大声说道：

“瑜儿，他们都冤枉了你，你还是忘不了，伤心不过，今天特意显点灵，要我知道么？”她四面一看，只见一只乌鸦，站在一株没有叶的树上，便接着说，“我知道了。——瑜儿，可怜他们坑了你，他们将来总有报应，天都知道；你闭了眼睛就是了。——你如果真在这里，听到我的话，——便教这乌鸦飞上你的坟顶，给我看罢。”

微风早经停息了；枯草支支直立，有如铜丝。一丝发抖的声音，在空气中愈颤愈细，细到没有，周围便都是死一般静。两人站在枯草丛里，仰面看那乌鸦；那乌鸦也在笔直的树枝间，缩着头，铁铸一般站着。

许多的工夫过去了；上坟的人渐渐增多，几个老的小的，在土坟间出没。

华大妈不知怎的，似乎卸下了一挑重担，便想到要走；一面劝着说，“我们还是回去罢。”

那老女人叹一口气，无精打采的收起饭菜；又迟疑了一刻，终于慢慢的走了。嘴里自言自语的说，“这是怎么一回事呢？……”

她们走不上二三十步远，忽听得背后“哑——”的一声大叫；两个人都悚然的回过头，只见那乌鸦张开两翅，一挫身，直向着远处的天空，箭也似的飞去了。

训练提示：《药》写于1919年4月25日。作品以华老栓夫妇给儿子治病为明线，以革命者夏瑜被反动派杀害为暗线，两线交织，结构完整。作品揭露了统治阶级镇压革命，愚弄人民的罪行，颂扬了革命者夏瑜英勇不屈的革命精神，惋惜地指出了辛亥革命未能贴近群众的局限性。朗诵时，要体会人物的心态和情绪，注意环境、氛围的描写。

例稿5.44

抢救孩子，我替你开路(节选)

沈震中

“怎么回事，长官先生？”

我抬起头，看见一个人高高地坐在一辆巨大的推土机上面。

“小孩窒息，很危急，我得赶去抢救，可这儿没路，要是绕道，那肯定就来不及了。”

几年的训练教会我此刻该如何控制自己的情绪，可遇到这样的情况，我怎么能不心焦呢！

“跟着我，长官先生！我来替你开路。”

我发动汽车跟在推土机后面，好奇而焦虑地看着他怎么开路。推土机那巨大的铲斗铲起满满一斗泥土，然后倒进深沟。

快！快！快！时间成了我的敌人。

接着，推土机在路堤前推出一个斜坡，大堆大堆的土不断朝斜坡推了上去。一会儿，路开成了！我觉得等了好几个钟头。然后，推土机开上路堤，上了公路，截断了来往的车辆，留给我一条宽阔的通路。

警笛尖叫着，车轮飞转着，不一会儿便到了事发地点。我跳下车夺门而入。孩子的妈妈颤抖着把孩子递给我。我紧张极了，我来迟了？

我把孩子按住，然后紧张地施行那套曾经训练过的急救措施……一颗纽扣从孩子的喉咙口跳出来。孩子尖叫起来，皮肤泛出了红色，两个小拳头在空中乱挥。

他得救了。

训练提示：文章充满了紧张的情绪，表达时要有悬念感，语气焦急，注意不同角色语言的转换。

项目二　新闻类综合训练

任务1　消息

例稿5.45

李强向中国—东盟农业发展和粮食安全合作年开幕式致贺信

新华社北京4月25日电　国务院总理李强4月25日向中国—东盟农业发展和粮食安全合作年开幕式致贺信。

李强表示，今年适逢习近平主席提出建设更为紧密的中国—东盟命运共同体、共建“一带一路”倡议10周年。农业和粮食安全是和平稳定、发展繁荣的基础，也是中国—东盟合作的重点领域。办好中国—东盟农业发展和粮食安全合作年意义重大。希望双方进一步加强政策沟通和交流合作，提高农业发展的韧性和可持续性，更好保障粮食安全，共同为全球粮农治理贡献东亚智慧、树立东亚典范。

李强指出，中国和东盟是好邻居、好朋友、好伙伴。我们愿同东盟国家一道，以农业发展和粮食安全合作年为契机，深化农业绿色发展、减贫与乡村振兴、智慧农业和数字乡村等重点领域合作，携手建设和平、安宁、繁荣、美丽、友好的共同家园，推动中国东盟全面战略伙伴关系走深走实，助力实现联合国2030年可持续发展议程目标。

例稿5.46

春天，赴一场光影之约(节选)

4月22日，第十三届北京国际电影节如约而至。来自世界各地的优秀电影同台竞技，专业人士探讨电影产业发展，文化惠民活动丰富多彩……历经十三载，北影节日益成为国际交流、文明互鉴的重要平台，不仅为电影发展带来更多新机遇，也让更多观众得以感受光影的魅力。

4月22日晚，一段温暖激昂的短片在北京怀柔雁栖湖畔拉开光影帷幕，开场秀《春天，来北京看世界最好的电影》发出诚挚邀约，第十三届北京国际电影节启幕，为世界电影注入一段北京春天的浪漫记忆，增添一抹活力澎湃的中国色彩。

历经十三载，北影节展映中外影片4000余部、1万余场次，逐步成长为国际交流的大平台，为世界电影发展带来了更多新机遇、新可能。北影节是电影人灵感碰撞的摇篮。主竞赛单元大奖——"天坛奖"一直是北影节的重头戏。今年，"天坛奖"共收到来自93个国家和地区的1488部影片报名，其中外国影片占比超过80%，数量再创新高，入围的15部影片来自不同国家，类型丰富、主题多元、文化多样。

"电影作为人类共通的艺术形式，是世界人民彼此交流的重要载体，极具文化力和感召力。"北影节上，中国电影博物馆党组书记、馆长陈玲说，电影作为文化事业和文化产业的重要组成部分，正在成为中国参与全球化进程、发挥国际影响力的重要媒介。

今年是"一带一路"倡议提出10周年。共商共建共享"一带一路"倡议给国际电影产业发展带来新机遇，10年来丝绸之路沿线国家电影交流和合作日益深入。本届北影节特别策划"丝路十年　联想未来：电影亚洲连线"主题，放映10部丝绸之路沿线国家出品的最新影片，展现亚洲电影创作力量。

今年"北京展映"精选180余部中外优秀电影作品，在27家合作影院进行集中放映。据介绍，今年"北京展映"在延续经典单元设置的基础上，优化供给，设计"焦点影人""女性之声""华语力量"等多个策划主题，为观众奉上新颖、丰富、立体的展映节目。同时，本届北影节继续保留"云上北影节"的展映、互动、点播、市场展会等功能。爱奇艺"云上北影节"专区，设置"云上展映""云端点播"等活动，供影迷选择。

往届大受欢迎的"VR虚拟现实单元"，在本届北影节全面升级为"XR(扩展现实)展映单元"，引入世界电影前沿科技与创新元素，为观众创造深度沉浸式的观影体验。

电影嘉年华同样精彩。"沉浸感十足，感觉在《满江红》电影中走了一遭，过瘾！”北京市民李盼惊喜地说。在怀柔影都花海，北影节打造了集电影《满江红》场景游玩、国潮市集体验为一体的新型文旅主题空间，涵盖主题文创、特色演艺、美食娱乐等多种业态。徜徉于光影廊道，一步一景，与古风装束的才子佳人相遇。作为北影节的主单元活动之一，电影嘉年华推出40余项活动和近100个体验项目，强化“影视文化+娱乐游玩”联动体验。

本届北影节还将举办中国·北京电影之夜、北京国际体育电影周、“一声所爱”电影金曲音乐会、短视频单元等“电影+”跨界活动，进一步丰富文化惠民活动。

在这个欣欣向荣的春天，北影节正为世界电影的繁荣发展注入新鲜活力。

（2023年4月23日《人民日报》）

例稿5.47

1035人将获2023年全国五一劳动奖章

记者26日从全国总工会获悉：今年全总将表彰全国五一劳动奖状207个、全国五一劳动奖章1035个、全国工人先锋号1044个，其中单列名额的奖状7个、奖章44个、先锋号20个，用于表彰全国职工职业技能大赛优胜者和国家重大项目的建设者。

全总有关部门负责人表示，今年表彰对象向党的二十大报告提出的现代化产业体系等重点产业倾斜。51.5%的奖状单位、40.3%的奖章个人、36.4%的先锋号集体属于党的二十大报告明确提出重点发展的产业。从行业覆盖面看，表彰对象覆盖了除国际组织以外的所有19个行业大类，以制造业、交通运输、仓储和邮政业、建筑业等相关行业为多。评选表彰高度重视选树非公有制经济中的先进典型，奖状、奖章和先锋号中非公有制比例分别占41.5%、37.8%、39%，分别高出规定比例6.5、2.8和4个百分点。

奖章人选方面，评选表彰始终坚持面向基层、面向一线、面向普通劳动者的原则，重点向产业工人倾斜，注重推荐新就业形态劳动者等群体。在各地推荐的奖章人选中，产业工人412名，占41.6%；其他一线职工和专业技术人员235名，占23.7%；科教人员215名，占21.7%。当前，农民工已成为产业工人的主体，今年共表彰农民工167人，占16.9%，比重再创新高。企业负责人和县处级干部都在控制数内。奖章人选覆盖了15个民族，少数民族73人；女性216人。

该负责人介绍，今年的单列表彰名额主要有两类：第一类是全国职工职业技能大赛优胜者，单列23个奖章名额；第二类是在航天强国建设、C919国产大飞机等重大专项和重点工作中作出突出贡献的先进集体和个人，单列7个奖状、21个奖章、20个先锋号名额。

（2023年4月26日《人民日报》）

训练提示: 播报新闻要做到字正腔圆、表达规范、舒展明快、朴实大方、基调准确、叙事清楚、状态积极。用明亮坚实的声音、通畅自如的气息,平稳顺畅地完成播报。

任务2 评论

例稿5.48

如何看待"依法推广普通话"问题

第十九届全国推广普通话宣传周正式启动,今年的主题是"大力推行和规范使用国家通用语言文字,助力全面建成小康社会"。其宗旨不只是调动社会各方面的资源积极参与国家通用语言文字的推广普及工作,更在于把它们应用到经济、社会、文化等多个领域。

"人之所以为人者,言也。"语言是人类表达思想、获取知识、沟通交流的基本工具,在生活中发挥着重要的桥梁和纽带作用。

语言是打开一国之门的钥匙。在世界多极化、经济全球化、文化多样化的时代背景下,人与人沟通在国与国合作中起着重要作用。掌握不同语言有利于进行有效的沟通,可使不同文化、种族、不同国家的人们在感受不同文明深刻内涵的过程中相互认知、相互理解,从而拉近人与人、国与国之间的距离,促进世界文明的彼此包容、和谐共生。尤其是在当前建设"一带一路"的大背景下,以语言的互通带动"一带一路"沿线国家的文化互通,继而促进"民心相通",在某种程度上与物质文明的互联互通同等重要。

语言是打开智慧之门的钥匙。随着"互联网+"、工业4.0和新硬件时代的到来,大数据、云计算、物联网、移动终端等科学技术快速发展,家庭、城市和社会智能化程度越来越高。过去很多必须亲力亲为的事情,在智能社会里只需一个口令或一个按键就能轻松搞定。比如,给某人拨电话,只要说出对方的姓名就能拨出;买火车票,只要准确说出始发地和目的地的名称,自助售票机就能马上出票;只要说出相关口令,家中的电器设备就能立即按要求作出反应……但在智能社会中,只有通用、标准和规范的语言才有效用,因此语言的规范化建设与规范语言的推广普及在我们的生活中尤其重要。可以说,在现代社会,语言的有效表达,对于智能家庭、智能城市和智能社会的健康运转起着非常关键的作用。

语言是打开未来之门的钥匙。在未来的国际竞争中,语言问题已经从一般问题上升到国家层面,语言已经成为维护国家利益与安全的战略武器,并成为未来经济发展中的一个新的增长点。充分挖掘和合理利用语言资源的文化价值和经济价值,大力开发语言资源,支持发展语言产业,一定可以为经济发展提供新动力。

语言的健康发展影响着国家未来政治、经济和文化的发展，赢得语言的未来才能赢得国家的未来。我们应该重新认识语言的功能和作用，全社会都应该更加关注语言的发展问题，大力加强国家和国民语言能力建设，提升国家软实力。

训练提示：评论是就新近发生的事件、社会活动、工作等发表议论。评论具有新闻性和政论性的特征，播报时应划分层次，把握评论的主旨、重点和内在语。

例稿5.49

大学内涵岂能量化

每一张大学排行榜的出炉，几乎都会在争议的旋涡里转上一遭。一些综合排行榜把特点不同、目标各异的高校一箩筐地装进去比较，像是要在萝卜和青菜间分出高下，自然是公说公有理、婆说婆有理。但是，不少民众却懒得管这些，他们要的就是一个结果：谁比谁强。

有多少个重点实验室、毕业后薪酬如何、校友中有多少政商名流……多数排行榜的排位依据，都是这种简单的量化指标，而大学的精神、文化、历史地位等难以转化成数字的要素，自然就被挡在了评价体系之外。

有人说，这是一个少提大学精神的时代，象牙塔里游走着越来越多的价值虚无主义者。而在过去，却有一些截然相反的故事。当南开大学校园几乎被日军轰为平地、34年心血付之火海时，校长张伯苓却看到了更深一面：被毁者为南开之物质，而南开之精神将因此挫折而愈益奋励。

大学精神可以有各种定义，“独立”无疑是极其重要的内涵。大学精神可以领先于社会意识，更能够对一个民族产生深远的影响。但是，也存在另一种可能：当大学的自主自觉能力不足以支撑大学精神领跑社会意识时，前者或许会被后者裹挟。功利、虚荣、浮躁，社会的弱点在校园里得到复制甚至放大。这种染缸效应，不只见于排行榜中——为了应付教学评估，一些高校不惜花费重金新建楼宇、添置设备，将所有的课程设计都精心包装，对专家组的“照顾”也殷勤有加。当评估队伍离开之后，一切又“回到从前”。无怪乎有人慨叹，“大学在社会工业化过程中，正在逐渐丧失其独立的形象，有的甚至不知不觉地作为社会的俘虏或作为一种手段而生存”。

纠结大学排行榜技术问题的背后，其实是大学氛围和社会环境的变迁乃至变异。愿在未来，“北大精神”“清华精神”“南开精神”能够常常被人记起，更希望被越来越多的人书写。

训练提示: 评论播音的特点是观点鲜明、论据充分、逻辑严密、以理服人。播报评论时要注意分析评论的中心论点和基调,播出有针对性、目的性、逻辑性。

任务3 通讯

例稿5.50

"中国白衣天使,我一直都记着你"

—— 中国援阿尔及利亚医疗队与当地民众的重逢故事

北非,阿尔及利亚。60年前,中国向这个国家派出援外医疗队。那是中国政府向非洲国家派遣的第一支医疗队。

1963年4月,首批医疗队员抵达阿尔及利亚。60年里,中国白衣天使在这里救死扶伤,用智慧与汗水写下感人肺腑的故事,也有很多故事中人物再相逢的感人瞬间。

2022年夏,中国援阿医疗队骨科医生涂大椿乘车10小时,到位于撒哈拉沙漠地区的纳马省一家医院为一名患者会诊。刚到医院门口,身后就有人用阿拉伯语喊"涂医生"。"当时我愣了一下,一时间认不出对方。对方说他是我2013年援阿时救治过的患者,并向我展示了髋关节的疤痕,还跳了几步给我看。"涂大椿回忆道。

每次说起这件事,涂大椿都非常感慨:虽然戴着口罩和帽子,还是被多年前的患者认出来,"真是太惊喜了!"

据中国援阿医疗队提供的数据,截至今年1月,中国共派出援阿医疗队27批次、3522人次,诊治患者2737万人次,接生207万新生儿。像涂大椿遇到的惊喜重逢,无数次发生在中国医务人员和当地民众之间。

2021年秋,中国援阿医疗队针灸科医生杨翊帮助一名58岁女患者摆脱了肩周炎困扰。几周后,这名患者到医院感谢杨翊,还带上了两张老照片——27年前她与中国医疗队的合影。原来,当时中国医疗队就用针灸治愈这名患者的踝关节扭伤。她开心地说:"时隔27年,你们又治好了我的病!"

"照片已经发黄,这份情谊根深蒂固。我们的工作很平凡,但他们真的记住了我们!"杨翊动情地说。

今年初,中国援阿医疗队针灸科接诊一位年近九旬的老人,老人一只手失去知觉,仅几个疗程,病情就明显好转。老人名叫努尔丁·朱迪,曾任阿尔及利亚驻南非、荷兰等国大使。1963年,也就是中国首次向阿尔及利亚派遣医疗队的那一年,他开始为新中国恢复联合国合法席位奔走。1971年联合国大会通过第2758号决议时,他作为非洲统一组织助理秘书长,见证了这一历史性时刻。

谈及中国医疗队,老人有说不完的话。他称赞中医的神奇效果和中国医生的友善、暖心，提到阿尔及利亚与中国牢不可破的友谊，回忆他1967年对北京、上海和广州的访问。老人说：“中国是了不起的国家！我见证了中国派遣第一支医疗队来阿尔及利亚，60年后还接受了中国医生的治疗。我和中国真的很有缘分！”

在医疗水平和医疗条件还不发达的阿尔及利亚，中国医务人员用技术和爱心，治愈了无数患者。在这些患者心中，中国医生是白衣天使，是他们的兄弟姐妹。

今年2月的一个上午，63岁的阿里里·赫依拉到艾因迪夫拉省公立医院看望中国援阿医疗队妇产科医生李洪玲。一见面，她就给李洪玲一个大大的拥抱。一年前，李洪玲利用休息时间为赫依拉实施了子宫脱垂手术，赫依拉和家人多次到医院感谢她。

对李洪玲而言，这样的重逢并不鲜见。援阿期间，针对当地公立医院接诊能力有限的问题，她利用休息日为患者实施28台手术。许多患者在痊愈后重返医院，向她表达感激之情。

在李洪玲工作的艾因迪夫拉省，卫生厅厅长伊德里斯·霍贾是1965年由首批中国援阿医疗队员接生的。后来，霍贾曾在多地担任公立医院院长，多次与中国医疗队合作。现在，他又在卫生厅厅长的岗位上与中国医疗队再次重逢。时光就是如此神奇！

中国（湖北）第27批援阿医疗队总队长杨勇告诉记者，在阿尔及利亚，如果有司机向你展示一张多年前与中国医疗队员的合影，或者街边散步的老人向你讲述中国医疗队员的往事，请不要吃惊，因为“他们记住了中国白衣天使”。

（2023年4月3日新华社，记者吴天雨、陈梦阳、帅安宁）

训练提示：这篇通讯描写了中国援阿医疗队与当地民众重逢的故事，其中穿插了数个感人肺腑的真实细节，令读者无不对中国援阿医疗队心生敬佩。文章感情质朴、真切，具有很强的感染力。

通讯篇幅较长，在有声语言的创造中，语言表达技巧的运用要准确、自如，具体应注意：

（1）重音、停连的使用要有多样性，以表现思想感情运动变化的复杂性；

（2）敢于、善于运用停顿来突出人物言行的内在情感；

（3）叙事线索清晰，立意鲜明，表达细腻，点染得体。

例稿5.51

难忘的英格丽·褒曼

〔美〕安·托德

她不施脂粉地出现在银幕上，美国化妆品就马上滞销；她在影片中扮演修女，进入修道院的女子便立马增加；一个影迷从瑞典把一头羊一路赶到罗马作为礼物送给她；多少封信只写“伦敦英格丽·褒曼收”，也能送到她的手中。

英格丽是当时最有魅力的女性，但是，她始终保持着她的本色：热衷于舞台，热衷于生活，爱吃冰激凌和爱在雨中散步。在演员生活中，她希望扮演好每一个角色，在人生舞台上，她也尽量享受生活的情趣。

英格丽曾在斯德哥尔摩、好莱坞、罗马、巴黎和伦敦用五种语言登上舞台、银幕，无往不胜。她拍摄了47部影片。三次获奥斯卡奖，一次获艾美奖。她有子女四人，是一位慈爱的母亲。她以狂热的精神献身于工作。她曾说：“如果不让我表演，我一定活不下去。”当海明威对她说演《战地钟声》里玛丽亚这个角色得把头发剃掉的时候，她大声回答：“为了演这个角色，要我把头割掉也行！”她可以通宵达旦地排练，甚至导演都已经满意了，她还要求重来一次。话剧《忠贞之妻》在伦敦上演8个月期满的那天晚上，她还同导演讨论她的表演有哪些可以改进之处。

英格丽在成为影坛璀璨的明星后仍坚持为每一部影片试镜头，而且可以为了演一个难度大的角色而放弃主演，甘当配角。她不愿定型，力争演各种性格的人物，如《郎心似铁》中濒于疯狂的新嫁娘、《东方快车谋杀案》中沉默含蓄的瑞典女传教士（这两个角色都为她赢得了奥斯卡奖）。

她在23岁那年从瑞典初到好莱坞时，宁愿马上拎起行李回国，也不愿接受公司老板要她“改头换面”（整容）的命令，她坚持以“本来面目”出现在银幕上。

《间奏曲》里孤独的女钢琴教师、《神魂颠倒》里热情的精神病学家、《圣玛丽亚教堂的钟声》里爱打垒球的修女——一个接一个令人叫绝的角色使她在几年之内便饮誉影坛。20世纪50年代她因婚变而星运中落，但在6年后就重放光彩，以《真假公主》一片再次获奥斯卡奖。

谁要是当英格丽的替身，非失业不可。《忠贞之妻》在美国上演初期，她脚部受伤骨折，可是在接下来的6个星期里，她仍坚持上舞台——只不过是改成坐在轮椅上演戏。无论病得多重，她总是笑着说：“舞台医生能把我治好的。”的确，幕一升起，她的病就“不治而愈”了。1973年，癌症攫住了英格丽，但它未能摧毁她的意志和毅力。她不顾病痛接受聘请，在一部电视剧中扮演以色列已故总理果尔达·梅厄。她承认：“时间越来越少了，但是，我在癌症面前多争取一天便是胜利。”电视剧开拍前，她到以色列了解梅厄的生平，拍摄期间，她的一条胳膊必须每夜做牵引，拍完最后一个镜头，她两眼含泪，自知从此要与她热爱的摄影机告别了。她凭借此片获得1982年艾美奖。

英格丽于1982年8月29日逝世，终年67岁。她将活在许多电影观众的心里——同加里·古柏在西班牙白雪皑皑的山上，同卡里·格兰特在间谍出没的里约热内卢。但是，最生动地浮现在人们脑海中的是《卡萨布兰卡》里的英格丽——靠在钢琴旁喃喃地说：“山姆，再弹一遍吧，为了过去。”在雾茫茫的机场上回首告别，眼神凄楚。

训练提示：这篇通讯将多个有代表性的典型事例有机地组合在一起，把世界影坛光彩照人的影星英格丽·褒曼的生活习惯、性格特征、精神境界、敬业精神刻画得淋漓尽致。作品开头，连续推出四个典型细节，干净利落地展示了这位明星的非凡知名度，同时也给全篇定下了基调。作品的结尾，借用人物在电影中的一句独白，既有画面感，又令人感动。表达时注意内在语、重音、停连的恰当运用。

任务4 专题片配音

例稿5.52

圆明园（节选）

公元1644年，一支来自北方的游牧民族开始南下，铁骑越过长城，直达北京，象征着皇权的紫禁城落入了满族人之手，中国历史上最后一个帝国——大清开始了。

半个多世纪之后，一个来自罗马的传教士到达了广州——大清帝国南方的港口。他将从这儿北上，前往帝国的都城——北京。

18世纪初期，帝国的统治者严格禁止西方人进入中国冒险，只有上帝的使者传教士例外。耶稣会派往中国的传教士——28岁的意大利人郎世宁根本就没有想到，他将从此远离故土，在大清度过整整50年。

半个世纪的时间，这个西方人以绝无仅有的机遇见证了一个帝国的辉煌，也目睹了一座旷世园林的诞生。

这些保留至今的传教士书信记录了郎世宁在皇家宫廷的传奇生活。

大清的缔造者是满人，他们来自中国北方的白山黑水。紫禁城的新主人很快就发现，看上去雄伟壮丽的皇宫并不适合居住。巨大的宫殿由木头建造，很容易着火，高耸的宫墙虽然能够防止火灾的蔓延，也影响了空气的流通。北京的夏天酷热干燥，皇宫更像一个火炉，习惯于北方寒冷生活的统治者很不舒服，从踏进紫禁城开始，皇帝就开始寻找凉爽宜人的地方。

在北京的西北方向，距离皇宫20多公里，有一片开阔地带。几百年前，这里泉水遍布，称为海淀。就是在这儿，帝国的第三代统治者康熙终于建成一座离宫。

郎世宁就是在畅春园第一次看见了康熙皇帝。

训练提示：配音时，要把握好视觉感受和情景再现，脑海中要有画面感，同时注意层次。文中有很多重音，表达时要注意体现主题。

例稿5.53

大明宫(节选)

西安，一个充满了传奇和荣耀的城市。公元前11世纪，周王朝第一次在这里建都。在随后的时间里，数以百计的帝王以西安为都城，统治中国长达一千多年。历史给这个城市留下了无与伦比的文化遗产。在今天西安市的北部有一个大型的文化遗址，然而，很少有人知道，这里曾经耸立过一座世界上规模最大的砖木结构宫殿群。它的面积相当于3个凡尔赛宫、4个紫禁城、12个克里姆林宫、13个卢浮宫、15个白金汉宫……

这就是大唐帝国的皇宫——大明宫！这里不仅蕴藏着一个帝国湮没已久的秘密，也铭刻着整整一个时代的记忆……

太阳正在升起，官员们进入丹凤门。正对着丹凤门的是一个纵深630米的广场，巨大的广场尽头就是大明宫的主殿含元殿。巍峨的殿堂坐落在三层大台上，东西两侧如巨鸟的翅膀一样，飞扬的是高大的阙楼。唐代诗人李华这样描述："进而仰之，骞龙首而张凤翼；退而瞻之，岌树颠而崒(zú)云末；仰观玉座，若在霄汉；倚栏下视，南山如在掌中。"高耸入云的宫阙、气势磅礴的殿堂，含元殿是中国历史上最宏伟的宫殿。在三千多年的时间里，数以百计的君王和皇帝修建了无数座宫殿，但是，规模和气势如含元殿者确实没有第二个。

诗人李华这样解释大明宫的含义："如日之升，则曰大明。"这是一个踌躇满志、昂扬向上的时代，大度而不浮华，雄浑而不雕饰。含元殿是这个时代最好的写照，它宛如一轮金光灿烂的太阳，照耀着大唐的天空。

在中国历史上，大明宫应该是规模最庞大的宫殿群：它占地五千多亩，面积相当于500个足球场大小。主要宫殿沿中轴线分布，对称严整，等级森严。含元殿、宣政殿和紫宸殿在一条中轴线上，是大明宫中的三大殿。三大殿是上朝和处理国事的地方。

三大殿以北是皇家居住和生活的场所，大唐最富丽堂皇的地方。在皇家生活区，最为显赫的宫殿是麟德殿。麟德殿的造型是独一无二的，三座巨大的宫殿依偎在一起，中间用柱子相连，前殿、中殿和后殿，再加上第二层的楼阁。麟德殿是唐代形制最为复杂的一座宫殿。在中国古代建筑史上，麟德殿的三重殿造型也是前无古人，后无来者。麟德殿建筑在面积一万平方米的大台上，宫殿的总面积超过了五千平方米。在中国历史上，麟德殿是最大的木结构单体建筑。在梁柱和屋檐之间，巨大的斗拱层层叠加，错落有序。在这些斗拱的支撑下，屋檐向外伸展，像巨鸟的翅膀一样高挑上扬，庞大而不失轻灵，威严中显露活泼。这样巨大的宫殿，亘古未有，这样的风格设计，空前绝后。整齐而不呆板，华美而不纤巧，蔚为壮观的麟德殿是中国古代建筑的典范，气魄雄浑、格调高迈，麟德殿代表着大唐建筑艺术的辉煌成就。

公元755年11月，安史之乱爆发。叛军一路南下，唐玄宗逃离长安，在仅仅出逃四天之后，安禄山的叛军就抵达了长安城下。皇帝出逃，长安根本不设防。叛军长驱直入，占领了帝国的都城。宫殿被毁，皇家的财富被抢劫一空，大明宫一片狼藉，血雨腥风笼罩了长安城。诗人杜甫曾亲眼目睹了长安城的陷落，在一首名为《春望》的诗中，他充满悲愤地写道："国破山河在，城春草木深，感时花溅泪，恨别鸟惊心。"长安城一片凋零，大明宫无限凄凉。安史之乱不仅摧毁了繁华的大唐，而且成为中国古代历史上最重要的分水岭。一个空前的盛世结束了，曾经的繁华再也不会复返。历史似乎潜藏着某种难以言说的轮回，每一轮都因盛极而衰退，因灿烂而显得短暂。无比辉煌的开元盛世，只持续30多年就匆匆结束了。

盛世已成过眼云烟，凄风苦雨笼罩着整个帝国。但是帝国的噩梦并没有就此结束，大唐的江山，在风雨中飘摇。藩镇割据、宦官专权，大唐的天空，再也看不到一点光芒。

公元881年初，黄巢在含元殿称帝，大赦天下。但是，黄巢无法阻止农民军的大肆抢掠，曾经高不可攀的都城如今就在他们的掌握当中。连续几天，农民军洗劫了这个世界上最富裕的城市。诗人韦庄见证了一个繁华的都市如何变成一座废墟的过程。在现存最长的一首唐诗《秦妇吟》中，韦庄写道："华轩绣毂皆销散，甲第朱门无一半……内库烧为锦绣灰，天街踏尽公卿骨！"

公元883年夏天，当黄巢退出长安时，官军又涌入城内，争货相攻，纵火焚烧，宫室里坊，十焚六七。在这次战乱中，大明宫的破坏最为惨重。包括含元殿和麟德殿在内，大明宫中的大多数宫殿被摧毁。公元885年，黄巢兵败，唐僖宗终于返回长安，屡遭蹂躏的大明宫再也无法居住，唐僖宗只能迁入太极宫，大明宫就此结束了大唐权力中枢的历史使命。从建成之日算起，大明宫存世222年。

日落大明宫，大唐国运将尽。作为大唐的中枢，大明宫的命运和唐帝国的命运是紧紧相连的：唐长安城数次沦陷，大明宫也屡遭灾难。公元9世纪即将过去，在10世纪即将来临的时候，大唐帝国走向了尾声。公元904年，一个叫朱温的军阀彻底摧毁了长安的宫殿和民房。长安城被毁，大明宫彻底沦为废墟。

这个曾经包容万千的城市，已经被肢解得支离破碎，不知道秩序和道德为何物了。这个盛名超过历史上任何政治中心的城市在历经了千万杀戮后，再也没有成为京都的可能。公元907年，大唐帝国灭亡，立国289年。在200多年的时间里，大明宫见证了大唐前所未有的荣耀，也目睹了这个大帝国不可逆转的衰落。大明宫毁灭之后，中国历史上再也没有出现过那样的宫殿，再也没有一个朝代在长安建都，中国文化的中心从此东移。

公元1957年，在大明宫毁灭1050年之后，考古人员走向了古城西安北部的一处废墟，残砖碎瓦被不断运走，湮没已久的文物陆续暴露在阳光下，沉睡千年的秘密被一步步揭开，然而这时候已经很少有人知道满目疮痍的废墟就是昔日的大明宫——大唐的皇宫。

公元2008年，在唐帝国消亡1101年之后，大明宫国家遗址公园工程启动。岁月的年轮已经湮没了历史的痕迹，但是，时间抹不掉的是曾经铸就的荣耀。或许在这个即将建成的国家遗址公园，我们可以回味大明宫曾经的辉煌，我们可以感受魂牵梦萦的大唐。

在中华民族的历史长河中，没有一个朝代能够像大唐那样留给中国人无尽的想象，没有一座城市像长安那样铭刻着中国人最为绚烂的记忆，没有一座宫殿像大明宫那样寄托着中国人永远的向往！

训练提示：文中有大量的描写，注意把握视觉感受和情景再现，尤其是借景抒情。配音时，历史感要强，仿佛置身于雄伟壮丽的大明宫，眼见它的辉煌，眼见它的衰败。

例稿5.54

再说长江（节选）

就从它落下的那一瞬间，这一滴水便开始了一条大江的万里行程。这滴水就在青藏高原的冰雪中，就在各拉丹冬的冰川里。正是以这一滴水为起点，我们开始了追溯6380千米长江的身世。

历史上规模最大的一次探源行动开始了，时间是2004年的8月，从长江第一镇出发。

我们向着峰峰相连的雪山深处走去，奔向江源那圣洁的一滴水。壮观的探源之旅，正将记录时代变迁的视角投向大江的源头。

为了一探大江的源流，中国人在万里长江沿线，努力探索了至少2000多年。直到大约300年前，才终于有人攀上了青藏高原，望到了现在的江源地带。但只见河网交错，蜿蜒直到天边，至于源头何在，却依然是千古悬疑。

1976年的8月25日，28位专家组成的江源考察队，经过51天的跋涉，突破冰雪的阻隔，走进了长江源头。一条世界大江的身世，终于水落石出。

那绝不是锦上添花的一回，而是石破天惊的一举——拥有这条大江的中国，总算打破了千古的悬疑，弥补了历史的遗憾，为全人类理清了长江——这条世界第三大河的头绪。

追念着前辈的壮举，悬念着源头的无限风光，我们向着各拉丹冬雪山挺进。没有人知道，我们能否成功，也没有人知道，谁能坚持到最后。不过，人人都向往着去捧起江源的那一滴水。

日出日落，千万年来不曾改变，天空之下的这片尕（gǎ）尔曲羌（qiāng）塘，北依昆仑山，南以唐古拉山为屏障。方圆400平方千米的这片羌塘，位于两座大山之间，成为海拔4500米的高原盆地。这里有一条河，因尕尔曲羌塘而得名，它就叫尕尔曲河。

江源冰雪融化而成的尕尔曲河水，平缓柔和，它横在我们的去路当中，成为我们进入江源的第一条河流。此刻，尕尔曲温婉的轻波在我们心中激起兴奋的涟漪。

万里长江从雪山走来，从亿万年的岁月走来。在这里，沱沱河、当曲、楚玛尔河三水合一，奔向了通天河。从这里开始，百转千回，才有了一个响亮的名字，那就是长江！

训练提示：文中有大量的描写，配音时要着重把握好情景再现，抓住视觉感受。声音要洪亮有力，带着强烈的民族自豪感。

例稿5.55

荒原眷恋——可可西里（节选）

这是地球上最后的处女地。藏青色的高原上，留着亿万年的风沙，纵横的沟壑，像无尽的岁月留在老人脸上的沧桑烙印。这里的平均海拔是4700多米，地表之下两三米就是亘古不变的永久性冻土。这里气候极寒，常年大风，是人类极其恶劣的生存环境，却是野生动物的乐园。绵延起伏的山岭上，成群的藏羚羊和野牦牛欢快地奔跑；苍茫的青天中，秃鹫呼啸着飞过。这，就是我国最后一块保留着原始状态的自然之地和最大的无人区——可可西里。

在蒙语中，可可西里的意思是美丽的草原、美丽的少女。而藏羚羊，就是可可西里美丽的象征。过去每年的6月，成群的藏羚羊越过青藏公路，由东向西去。它们过青藏路时铺天盖地，过往的车辆要等待很长时间。可是，这样动人的景象如今已经不复存在。欧美黑市上藏羚羊绒价格的飙升，刺激着盗猎者把枪口对准它们。藏羚羊的一声声哀号，在无人区里久久回荡，这哀号穿越稀薄的空气，穿越苍茫的风沙，深深划在一个人的心口上！他就是青海省治多县原县委书记杰桑·索南达杰。1992年7月在他一再要求下，治多县成立了西部工作委员会，专门负责可可西里自然资源的保护和开发，在恶劣的天气和自然条件下，他带领着仅有的几名干部，在高原深处巡逻，与盗猎分子开始了一场旷日持久的斗争。

1994年1月18日，在索南达杰第12次深入可可西里的时候，他没有能再回来。与18名盗猎分子的搏斗，流尽了他最后一滴血。他临死前，还保持着跪射的姿势。那天，冬寒刺骨，索南达杰永远躺在了草原的怀里。

在风雪交加的昆仑山口上，我们见到了一座高达20米的纪念碑。这是由民间自发捐款建造的索南达杰烈士纪念碑，碑上刻着“功盖昆仑”四字。他的黑白遗像，目光深沉而苍凉，带着不屈和希望以及对这片荒原深深的眷恋。

索南达杰死后的第一个藏历年，治多县没有歌声，没有舞蹈，没有传统的请客、喝酒和转山。百姓们聚集在了柏木堆前：他们要为他们的英雄索南达杰举行火葬，这在藏区是只有活佛才有的葬礼仪式。雪山肃立，长号声咽，在这片考验生命与信仰的土地上，一首首雄浑阳刚的战歌终于继索南达杰之后高亢了起来。1997年，青海省成立了可可西里国家级自然保护区。第一个自然保护站建在了昆仑山口下，并起名为“索南达杰自然保护站”。

可可西里的夜晚，群星在藏蓝色的天穹中闪烁着耀眼的美丽光芒。正是为了这些光芒，索南达杰献出了他40岁的盛年生命。他的一生已经融入这片冷山与莽原，而他的后来者们正在那悲壮的道路上继续走下去。他们的努力，使可可西里正在重新恢复生机勃勃的自然风貌。藏羚羊的微笑，便是对他在天之灵最深沉的告慰。

训练提示：可可西里自然环境恶劣，朗读第一段时要把握好视觉感受和情景再现。重点是最后一段，那种想象的画面和深刻的感受，既虚且实，要用极富情感的语气表达。

例稿5.56

舌尖上的中国·自然的馈赠(节选)

中国拥有众多的人口，也拥有世界上最丰富多元的自然景观，高原、山林、湖泊(pō)、海岸线。这种地理和气候的跨度有助于物种的形成和保存，任何一个国家都没有这样多潜在的食物原材料。

人们采集、捡拾、挖掘、捕捞，为的是得到这份自然的馈赠。穿越四季，我们即将看到美味背后人和自然的故事。

云南香格里拉，被雪山环抱的原始森林，雨季里空气阴凉。在松树和栎树自然混交林中，想尽可能地跟上单珍卓玛的脚步，不是一件容易的事情。卓玛和妈妈正在寻找一种精灵般的食物，卓玛在松针下找到的是松茸——一种珍贵的食用菌(jùn)。这种菌子只能在没有污染的高海拔山地中才能存活。

这只松茸的伞盖已经打开，品质不好。松茸属于野生菌中的贵族，在大城市的餐厅里，一份碳烤松茸，价格能达到1600元。松茸的香味浓烈袭人。稍经炙烤，就会被热力逼出一种矿物质的酽(yàn)香，这令远离自然的人将此物视若珍宝。

吉迪村是香格里拉松茸产地的中心，凌晨三点，这里已经变成一个空村。所有有能力上山的人，都已经出门去寻找那种神奇的菌子。

穿过村庄，母女俩要步行走进20公里之外的原始森林。即使对于熟悉森林的村民，捡拾松茸也是一项凭运气的劳动，品质高的松茸都隐藏在土层之下。雨让各种野生菌疯长，但每一个藏民都有识别松茸的慧眼。松茸出土后，卓玛立刻用地上的松针把菌坑掩盖好，只有这样，菌丝才能不被破坏。为了延续自然的馈赠，藏民们遵守着山林的规矩。

松茸保鲜的极限是三天，商人们以最快的速度对松茸进行精致的加工。这样一只松茸在产地的收购价是80元，6个小时之后，它就会以700元的价格出现在东京的超级市场中。

训练提示：《舌尖上的中国》是一部经典的美食类纪录片，与前面几部纪录片不同，本片在训练时要把握好美食的情景再现，抓住具体感受，尤其是嗅觉、视觉、味觉等感受，配音时娓娓道来。

例稿5.57

动物世界——北极熊（节选）

白熊登上了海岸，无所畏惧地漫步在冰原上，开始了一段艰苦的冒险经历。交配后的公熊已经履行了自己做父亲的责任，然而此时，母熊的传奇故事才刚刚开始。

在冬季三个月的漫漫长夜中，她一直躲藏在冰雪之下，当又一个春季的黎明发出召唤时，这些北极珍藏的珍宝，又重现身影。这个故事讲述了这些巨大的北极熊历时两年的生活，我们还将看到两只幼熊，他们必须学会在这个世界上最荒芜的地方生存。

在这座位于挪威北端与北极中点处的岛屿上，出现了一个令人恐惧的身影。在过去的这个冬季里，她一直漫游在冰块之间，以海豹为食，来增加体内的脂肪。另一只北极熊则在一个被厚厚的积雪覆盖着的山坡下度过了这个严冬。在过去的五个月中，母熊一直沉睡着，没有吃任何东西。当她从睡梦中缓缓醒来时，母熊测试了一下洞外的空气，以感知空气中危险的信息。强烈的阳光令她有些目眩。母熊十分费劲地爬出了洞穴，尽管她很饥饿，但她仍将留在这里。很快，我们就会看到令她禁食的原因。这只小熊，三个月前出生时体重二十磅，现在正好奇地看着家门外这个陌生的世界。和多数北极熊的幼仔一样，他是双胞胎之一。在这个家庭的第一次出游中，母亲对两个孩子寸步不离。因为他们降生在一个危机四伏的世界。半数的幼熊在出生后的第一年里就夭折了，其中一些是被捕食的公熊杀死的。所以当小熊们玩耍时，母熊警惕地注视着四方。尽管阳光明媚，空气中却弥漫着一种令人难以信赖的春天的气息，母熊不能掉以轻心。在巨大冰块的碰撞中，冰河出现了裂缝，北冰洋开始融化，现出了一个面目狰狞的群岛。在北极圈内很深的位置上，斯瓦尔巴特群岛是北极熊春季活动的十字路口。由于纬度很高，这里的冬季从不轻易离去。今年岛上风雨交加，预示着一个痛苦的春季。

随着温度的上升，冰雪消融了。寒冷的再度降临，又使水结成了冰。整个雪原变成了一个巨大的溜冰场。北极熊一家也同样在与这个春天斗争着。为了重新启动她的适应系统，母熊在经历了这么久的禁食后，重新开始活动。小熊们也在一旁走来走去。由于对刚才那场风雨依然心有余悸，小熊都躲在母亲那永远警醒的庞大的身躯下。当看到远方一头公熊的身影时，母熊就急忙召唤孩子们回家。不过正像在任何家庭里都能看到的那样，有些孩子并不那么听话。幸而那头巨大的公熊并没有注意到他们。他正借助他的鼻子，搜寻他的猎物——海豹的踪迹。在他身后不远处，一只北极狐如影随形，期盼着可以获得一份免费的美餐。有时，一只北极狐会跟踪北极熊几英里之远。因为他们主要以北极熊的残羹为食。 斯瓦尔巴特群岛周围的水流冰面上，出现了巨大的裂缝。海豹们会通过这些裂缝出来呼吸，那正是北极熊最喜爱的食物。海豹们趴在冰面上，显得格外惹眼。但他们同样十分警觉，不会因北极熊看似随意的接近而疏忽大意。

由于强劲的水流和水下的温泉阻止了裂缝处的水结成冰，海豹才得以安全地在北极熊周围游弋。远在一英里外，母熊就已闻到了海的气息以及那里充足的食物。但在小熊们变得足够强壮，跑得足够快之前，她还不能解除禁食。对小熊来说，他们花在洞穴中的时间越多，对未来无情的北极捕食者生活的准备也就越充分。但当他们依靠母亲的乳汁一天天地强壮起来时，母熊却因为无法捕食而日渐消瘦。很快她便不得不离开这个庇护所，去进行一次狩猎了。“斯瓦尔巴特”的意思是寒冷的海洋。这是八百年前来这里的发现者们所起的名字。但事实上，尽管纬度如此之高，这里并没有想象中那么寒冷。斯瓦尔巴特群岛位于穿越大西洋的温暖的水流和北冰洋环流的交界处，因而拥有一个相对温暖的气候。这在同纬度地区是很少见的。

当我们的熊妈妈仍在岸上时，另一头尚无孩子的母熊正与公熊在海中嬉戏。他们是十分强健的游泳者，以巨大的前爪划水，以后爪掌舵。北极熊更喜欢冰面和海洋，因为他们是真正的海洋动物。从北极熊一家真正走出洞穴算起，已经过去十天了，母熊再也无法忍受饥饿了。小熊们已经长得更为强壮了，并能在雪地上自如地活动，尽管偶尔还会掉回洞中。他们紧紧地跟着母亲，准备再在家门口散一次步。然而事实上，他们永远都不会再回到这个温暖的家了。从现在起，只有他们的母亲会站在他们的身旁，陪伴他们面对北冰洋上危险的生活了。

训练提示：《动物世界》是一部经典的纪录片，主旨是向观众介绍地球上的各种动物，使人们认识到自然以及人类对动物的影响，倡导人与动物、自然和谐相处。配音时要把握好节奏和语气，将自己带入动物的角色，生动、有感情地表达。

项目三　讲解主持类综合训练

任务1 讲解词

例稿5.58

故　宫

各位朋友：

大家好！欢迎各位来故宫参观旅游，现在呈现在我们眼前的故宫位于北京市中心，旧称紫禁城，是明、清两代的皇宫，无与伦比的古代建筑杰作，世界上现存最大、最完整的古建筑群。故宫始建于公元1406年，1420年基本竣工，南北长961米，东西宽753米，占地面积约为72.5万平方米，建筑面积约为15.5万平方米。相传故宫一共有9999.5间房子，实际据1973年专家现场测量，故宫有大小院落90多座，房屋980座，共计8704间。宫城周围环绕着高12米、长3400米的宫墙，形式为一长方形城池，墙外有52米宽的护城河环绕，形成一个森严壁垒的城堡。故宫宫殿建筑均是木结构、黄琉璃瓦顶、青白石底座，饰以金碧辉煌的彩画。故宫有四个门，正门名午门，东门名东华门，西门名西华门，北门名神武门。故宫的建筑依据其布局与功用分为“外朝”与“内廷”两大部分。外朝以太和、中和、保和三大殿为中心，是皇帝举行朝会、行使权力、举行盛典的地方，也称为“前朝”。内廷以乾清宫、交泰殿、坤宁宫后三宫为中心，后有御花园。内廷东部的宁寿宫是当年乾隆皇帝退位后为养老而修建的。内廷西部有慈宁宫、寿安宫等。此外还有重华宫、北五所等建筑。故宫历时14年，在元大都宫殿的基础上兴建。故宫建成后，到1911年清帝逊位约500年间，历经了明、清两代24位皇帝。

从20世纪五六十年代起，国家对故宫进行了大规模的修整。1961年，国务院宣布故宫为第一批“全国重点文物保护单位”。1988年，故宫被联合国教科文组织列为“世界文化遗产”，现称为“故宫博物院”。

故宫四门

故宫有四个大门，正门名午门，宏伟壮丽，俗称五凤楼。东西北三面以12米高的城台相连，环抱一个方形广场。有一组建筑，正中有重楼，是九间面阔的大殿，也是中国古代大门中最高级的形式。午门是皇帝下诏书、下令出征的地方。午门当中的正门平时只有皇帝才可以出入，殿试考中状元、榜眼、探花的三人可以从此门走出一次。文武大臣出入东侧门，宗室王公出入西侧门。后门名神武门，明朝时称“玄武门”。玄武为古代四大神兽之一，从方位上讲，左青龙、右白虎、前朱雀、后玄武，玄武主北方，所以帝王宫殿的北宫门多取名“玄武”。清康熙年间因避讳改称“神武门”，现在神武门为故宫博物院正门。东华门与西华门遥相对应，门外设有下马碑石，门内金水河为南北流向，上架石桥一座，桥北为三座门。东华门与西华门形制相同，平面矩形，城台上建有城楼，城楼面阔五间，进深三间，四周出廊。

三大殿

太和门内，在3万多平方米开阔的庭院中，是外朝的中心：太和殿、中和殿、保和殿，统称三大殿。明朝称奉天殿、华盖殿、谨身殿，嘉靖时改名皇极殿、中极殿、建极殿。现名为清朝时名称。这三座大殿是故宫中的主要建筑，它们高矮造型不同，屋顶形式也不同，显得丰富多样而不呆板。

训练提示：讲解时，要从感觉上意识到听众的心理、要求、愿望、情绪等，并由此调动自己的思想感情，使之处于运动状态。另外，要用自己的话来表述，注意口语化。

任务2 主持词

例稿5.59

2023年中央广播电视总台春节联欢晚会主持词(节选)

任 鲁 豫：花开种花家，欣迎同心年！亲爱的观众朋友们，大家——

合：过年好！

任 鲁 豫：这里是中央广播电视总台2023年春节联欢晚会的直播现场，我们和全国各族人民、全世界的中华儿女，共同迎接癸卯兔年的到来！

龙　　洋：花开富贵，锦绣中华。今夜我们都是看花的人，无论您身处南国还是北疆，相信总有傲然绽放的鲜花迎来神州大地第一缕春光。

尼格买提：天地迎春，万象更新。今夜我们都是种花的人，在这喜庆吉祥的除夕夜，在这姹紫嫣红的春光里，让我们播种下最美好的心愿和希望。

马 凡 舒：万家灯火开心过年。今夜我们同是回家的人，一句回家道不尽游子归心似箭的心情，就让我们尽享家庭的温暖，重温团圆的喜悦。

撒 贝 宁：满庭芳华，天下一家。今夜我们都是赴约的人，感谢您岁岁年年守候荧屏，就让我们共同度过壬寅虎年的最后四个小时。

王 嘉 宁： 辞旧迎新，冬去春来。今夜我们还是告别的人，让我们和过去一年所有的艰难、烦恼说句再见。我们相信坚忍不拔的中国人定能抖擞精神，奋楫再出发！

任 鲁 豫： 爆竹声声辞旧岁，江山万里迎春晖。在这中华民族一年一度最盛大的节日里，我们给大家——

合： 拜年啦！

王 嘉 宁： 谢谢两位！今年的春晚我们与花为伴，全场的观众都置身于浪漫的花海之中，你说咱们中国人为什么就这么爱种花呢？

任 鲁 豫： 简单呀，种花，中华，中华，种花。

王 嘉 宁： 啊，谐音梗。

任 鲁 豫： 这还真不是谐音，咱们华夏的华呀，在古代呢有花朵的意思。另外呢，抬头往上看，舞台的最上方有一朵美丽的大花，它的设计就是来自距今五六千年前仰韶文化庙底沟类型的彩陶，而这花卉型图案的彩陶呢，可能就是我们华夏民族"华"字的来源之一。

王 嘉 宁： 所以我们是以花为名？这真的太浪漫了，那些以为是偶然的谐音，或许就是写进我们基因的文明密码。接下来，继续这场种花家的晚会，让我们共同去寻找一缕回荡千年的"南音"，看百花齐放，迎百鸟归巢。

尼格买提： 亲爱的观众朋友们，此时春晚正通过中央广播电视总台央视综合频道、综艺频道、中文国际频道、国防军事频道、少儿频道、农业农村频道、奥林匹克频道、4K/8K超高清频道以及央广中国之声、音乐之声、经典音乐广播、文艺之声、台海之声、大湾区之声、南海之声、华语环球广播和中国交通广播等同步直播。

龙　　洋： 总台春晚还正通过"百城千屏"点亮全国城市户外大屏幕。与此同时，央视频、央视新闻新媒体、央视网云听等新媒体平台步播出。中国国际电视台英语、西班牙语、法语、阿拉伯语、俄语频道和68种语言对外新媒体平台，正联动全球170多个国家和地区的700多家媒体对春晚进行直播和报道。

尼格买提： 朋友们，面对全球华人的期待，我们的表演嘉宾可谓是使出了浑身解数，比如说下面这两位，其实不用多做介绍，光说出两位的名字应该会掌声雷动吧？我试试啊，欢迎岳云鹏、孙越为我们带来《我的变、变、变》，掌声有请！

马 凡 舒： 领航关键核心技术，树立高端民族汽车品牌。红旗新能源汽车恭祝全球华人新春快乐，与美妙同行，与美好相伴。兔年用极兔，好运挡不住，极兔速递祝全球伙伴兔年寄好运，大家——

撒贝宁、马凡舒： 《好运全都来》！

任 鲁 豫： 谢谢！谢谢王二妮，也谢谢动如脱兔的邓超。吉兔呈祥啊，象征着中华大地安宁祥和，朝气蓬勃。亲爱的朋友们，接下来我们要隆重为大家推荐的是一个传统非遗，它的名字叫"中幡"（fān）。它起源于唐宋时期的军事仪仗旗帜，后来传到了民间，逐渐地发展成为一门惊险刺激的杂技艺术，在即兴场合，只要有它的存在，就格外地引人注目，让人看的是热血沸腾。接下来，就让我们共赏幡舞九天，纵览龙跃神州！

龙　洋：谢谢！大伙儿说这中幡舞得好不好啊？中幡啊，看的就是这份惊险奇绝。那接下来呢，我要邀请大家沉下心来，走进另一番天地，流连在那钟灵毓秀的山水间。良好的生态环境是最公平的公共产品，是最普惠的民生福祉。值此新春佳节，大家走进访友之余，也不妨亲近亲近乡间山水。看看那丰年人乐业，垅上踏歌行；品品这绿水绘新景，青山寄乡愁。

尼格买提：总台春晚和美好礼独家合作伙伴五粮液，带着好酒来给大家拜年了。现在进入第一轮抽奖，马上下载并打开央视频App，进入春晚互动页面，您就有机会获得名门之秀五粮春酒。团圆夜，看总台春晚，品和美五粮，还有总台文创和千万张央视频会员卡等您来拿。

王嘉宁：同时，金典邀您打开微信，在视频号直播里，和家人一起边看竖屏春晚边拜年。迎新年，喝营养快线，春晚饮品甄选品牌娃哈哈集团，恭祝全球华人新春快乐。美好的时代，值得更好的你，中国航天事业战略合作伙伴梦之蓝，恭祝全球华人新春快乐。

尼格买提：愿好礼与你相遇，也愿每一次相遇都是人生的惊喜，比如说接下来就有一场动人的相遇发生在《初见照相馆》。

任鲁豫：谢谢，生命当中有太多温暖的瞬间值得我们去好好地珍惜。前不久，央视新闻新媒体就盘点了一年来发生在我们身边的暖心瞬间。那是一个雨天，一位阿姨向店家借了一把伞，还伞的时候你们看到了吗？阿姨买了桃子表达感谢。那是一个意外，保洁阿姨为了按停扶梯救人，结果自己不小心摔了下来，疼在了我们的心上。那是一个红灯，一位陌生的等车人用雨衣帮孩子把书包盖好，免得被雨水打湿。那是撒了一地的水果，大家纷纷上去帮老人捡起。我们感恩这样的善意，善意不分大小、不分远近，值得我们好好珍惜，所以我们在茫茫的人海当中找寻到了这些善良的陌生人，并诚邀他们在春晚的舞台上共同演唱一首歌——《你好，陌生人》。

撒贝宁：谢谢这些温暖的面孔和这温暖的歌声。话说200年前，有一位画师在少林寺白衣殿的北墙留下了一幅《武僧演武图》，动作行云流水，招式刚劲有力，为这座千年古刹定格了一个个热血沸腾精彩绝伦的瞬间。今晚有一位我们熟悉的朋友再次回到画前，他将带领我们穿越百年古画，梦回千年少林，看中华武学再续新篇！

撒贝宁：谢谢，谢谢可爱的孩子们。每年春晚啊，精彩都不仅仅是在舞台上，也包括咱们的观众席。比如今天我在观众席就看到了这样一桌观众，每个人都长得慈眉善目的，看着非常眼熟，再一看，这不是我们的脱口秀演员吗？哎，我跟你们说啊，我也曾经想过去当脱口秀演员，但后来我放弃了，因为我觉得主持春晚也还行。

赵晓卉：哎，撒老师，我觉得吧，打工也还行。

撒贝宁：哎，对了晓卉，你是换了一份工作对吧？

赵晓卉：对对对。

撒贝宁：今天你第一个来分享，说说新岗位的新感想。

赵晓卉：大家好，我叫赵晓卉。新工作的新感想吧，想退休。到我这个岁数吧，别说早退休了，早退都不行，哎呀还退休呢。我的生活现在呢，只有调休。每次那个放假安排一出来就有人说：只要胆子大，连休十天假。那有啥用啊？那老板就算批你假，工作不也得带回家吗？我那个老板吧，哎呀，别看平时"拿末位淘汰吓唬人"，其实根本就没见过啥世面。知道我要来春晚可紧张了，天天发消息：小赵老师，那个上完春晚还回来上班吗？我当然回去，咱年终奖还没发呢。就是晚上来春晚，我觉得不能回家有点遗憾，但我爸妈说还是不上春晚更遗憾，家里不差我这几分钟，我要是不想来，他俩可以替我来。爸妈，这春晚又不是脱口秀，谁都能来几分钟。今年是我爸的本命年，最近老在群里发"属兔的人转发这条消息到三个家庭群会有好运降临"。别信这些了，爸，你哪有三个家庭啊？他俩呀就老跟我说，你呀得好好工作，以后当上劳模，过年了就能上春晚的桌儿了。撒老师，我今天来了以后才发现，你们这儿不当劳模也让上桌儿。

撒贝宁：这是在点你呢，回去更得好好工作。

赵晓卉：压力好大呀，那就争取退休之前能上大国工匠那桌坐一坐。

撒贝宁：你这个目标太远大了，距离你简直就……哎，好像也就三米五是吧。就在那一桌，你看都开始为你腾地儿了，年轻人的梦想就要有境界，谢谢晓卉。邱瑞，咱聊聊年轻人的感情生活吧，看你能聊出什么境界。

邱　瑞：大家好，我叫邱瑞。我这一听，晓卉都聊到大国工匠了，那我这光聊感情，境界肯定是跟不上了，我直接聊婚姻吧。

赵晓卉：哎，等一下，我记得你没结婚吧？啥意思，要在春晚求婚啊？

撒贝宁：我跟你讲邱瑞，那这可是春晚40年头一回，你要是求婚成功了，对于你女朋友来讲，这个节目就叫《难忘今宵》。

邱　瑞：但是撒哥你想啊，春晚这么多年都没人求婚，肯定是有原因的呀！

赵晓卉：为什么呢？

邱　瑞：咱也没有大年三十求婚的习俗啊。就这个时间点儿我咣当一跪，我女朋友都不知道应该先答应我还是先给我压岁钱，更何况是当着全国人民的面儿求婚。这里边多少得有跟我女朋友重名的吧？我就害怕我家王涛正考虑着呢，别的王涛先答应了，可咋办？但我最担心的呀，还不是观众会重名，是春晚它有重播，我一求这得求好几天。我女朋友都别说难忘今宵了，她想忘掉这段的话，起码也得等过完元宵了。明天我去亲戚家拜年，他们能一边儿看电视一边儿跟我开玩笑,说孩子这把让人拒绝了没事,下午重播你还能再求一把呢,你能一直求到十五,咱就让她躲得过初一躲不过十五。

撒贝宁: 你坐下吧你!你这是求婚呢,还是抢婚呢?广智,接下来你给大家送点儿祝福。一分钟够吗?

何广智: 我不用一分钟,60秒就够了。大家好,我是何广智。送祝福这事儿,我还真研究了。几年前大家都说群发的我不回,我不一样,我偏要回,还要精心地回,我让他看到后愧疚一晚上,怎么我这么敷衍,他这么真诚呀!广智该不会管我借钱吧?是不是群发的很好分辨,带名字的就一定是私发的,比如广智新年快乐,这个祝福就很真诚,同时又很敷衍。还有更敷衍的,广智过年好。还有比这更敷衍的,给我发志胜新年快乐。我说我不是志胜,他说志胜新的一年还是这么幽默。除了朋友,我还会给房东送祝福,祝你事业有成、万事如意、财源广进。房东说你先别祝我这么多了,你能住我这儿就行,我的财源全靠从广智这儿进。最难的还是给喜欢的女生送祝福,我都会夹带私货趁机表白,比如女生祝我心想事成,我说真的吗?那我想和你成,她立马撤回了这个祝福,赶快说你可真真诚。我确实"真诚",我真诚地祝愿大家新的一年想和谁成,都能成!谢谢大家,我是何广智。

撒贝宁: 谢谢广智,要说老实啊,那还是志胜老师。我刚才一直以为他睡着了,后来发现他眼睛睁着呢,睁着就这么大。那小眼睛一直往桌上瞟,你算计啥呢你呀?

徐志胜: 大家好,我是徐志胜!哎呀真没算计啥,这不过年了嘛,就想带点年货儿给大家分享分享。

撒贝宁: 我的妈呀,大葱啊?

徐志胜: 对。

撒贝宁: 这年货也太接地气了,但是你觉得我们吃完这个还能张口说话吗?

徐志胜: 哥你早点跟我说呀,我都吃完来的。哎呀,这些都是我妈从山东大集上给我买来的,整整一麻袋呀,后台演员看见都惊了,说还是志胜聪明,来春晚直播带货了。真的就他们啊,今天晚上都是给大家送祝福,就我给家人们送福利来了!我小时候和我妈过年赶集的时候一到结账,我妈就说:哎呀,没带碎钱给抹个零吧。但一给我发压岁钱,她就说:哎呀,给你点"碎钱",岁岁平安。有一年,我打开红包愣是没找到钱,我说妈,今年这个钱压得这么"碎"呀,我都看不见。我妈说这不没碎钱嘛,给你抹了个零。哎呀,现在我每次在家过完年回来工作的时候,我妈就是家里有啥都让我带上,肉、奶、蒸的馒头、腌的咸菜。我说妈,这就别带了。我妈说不行,你得带,你把这些都带走,我们才好买新鲜的呀。这次呢,我妈也让我带来了"新鲜"的祝福,祝大家新年快乐,兔年吉祥!

撒贝宁: 这祝福就完啦?你这也太敷衍了。作为一个脱口秀演员,怎么也得有个谐音梗,比如说什么"钱"途无量之类的。

徐 志 胜：哥，这个我真研究了，像挣钱发财这种祝福，您送最合适。

撒 贝 宁：为什么？

徐 志 胜：因为这个“贝”就是钱，“撒贝”就是撒钱，所以“恭喜发财”还得是你“撒贝”撒贝宁啊！

撒 贝 宁：你听我说，栓Q，你就说我“傻呗”！哎，这过年就是高兴，真心地希望新的一年，每个人每一天、每一分钟都能如此精彩。就让我们把过往的不易和烦恼全都酿进年夜饭的这一杯酒里一饮而尽！如果一杯不够，那就再来一杯，让我们一块儿跟往事干好几杯！

马 凡 舒：谢谢！谢谢四位的精彩演唱。和而不同，美美与共。总台春晚和美好礼独家合作伙伴五粮液携好酒邀您进入第二轮互动，下载并打开央视频App，进入春晚互动页面，本轮互动抽取高质低度白酒39度五粮液，更有千万张央视频会员卡和总台文创装满礼盒。赶紧打开央视频App参与。

任 鲁 豫：亲爱的朋友们，您还可以下载央博App，搜索“央博新春云庙会”，就可以进入元宇宙的时空，用您的数字分身写福字、舞狮子、逛花灯，感受一个不一样的新春庙会。搜索“央博新春云庙会”，开启您的奇幻之旅吧。

马 凡 舒：领航关键核心技术，树立高端民族汽车品牌。红旗新能源汽车，恭祝全球华人新春快乐，与美妙同行，与美好相伴。

任 鲁 豫：喝劲酒，祝您好日子天天有。中国劲酒恭祝全球华人新春快乐，身体健康。

马 凡 舒：在人世间众多美好的场景当中，有一个画面啊，格外令人心醉。烟雨蒙蒙处，摇曳生姿的少女过溪涉水，翩翩舞姿流淌在一座琴键般的碇步桥上。

尼格买提：谢谢。朋友们，这张桌子上放着的是春晚节目组今年收到的一小部分的观众来信，可能您想不到啊，现在网络都已经这么发达了，我们还会常常收到观众一笔一画手写的信件。我们想告诉大家的是，这些信我们都看到了，而且十分珍视，并连同众多的中国电影人，就以观众来信为创意来源，创编了春晚史上第一部微电影，送给所有关注春晚、热爱春晚的人们，讲讲我和我的春晚。

龙　　洋：谢谢！谢谢来自全国各地各行各业的百姓歌手们。太感动了，感谢你们的歌声，更感谢你们的真诚，每一个平凡的人都有光芒，只要相信阳光，就一定有度过风雨的力量。

任 鲁 豫：亲爱的朋友们，醉美古井贡，欢乐中国年。中国酿世界香，古井贡酒年份原浆古20恭祝全球华人新春快乐。用金典，致最爱，金典邀请您打开微信搜索竖屏春晚，海量内容搜一搜。

龙　　洋：中国智慧，品味舍得。舍得酒恭祝全球华人新春快乐。过年回家逛海澜之家，国民品牌海澜之家，恭祝全球华人新春快乐。

任 鲁 豫：美好朝发夕至，远方触手可及。这样的生活呀，离不开一群人，他们就是快递小哥、外卖小哥、司机小哥，他们用辛劳保障着你我的日常。

龙　　洋: 当我们的生活越来越便捷,对他们的要求似乎也更高。催快递能快点到吗?问网约车能快点开吗?得到的回答通常都是……哎?接下来这个小品的名字:

任鲁豫、龙洋:《马上到》!

尼格买提: 谢谢!这声感谢送给台上的演员,更要送给所有的小哥,是你们早出晚归、风雨兼程,便捷了我们的幸福生活,更在疫情防控的特殊岁月里守护了我们的一片晴空。朋友们,在这样一个万家团圆的夜晚,依然有很多小哥穿行在大街小巷,奔走于千家万户,想对你们说一声,辛苦了!小哥。

龙　　洋: 谢谢,谢谢小哥黄渤,每到春节呀,到处是张灯结彩,喜气洋洋。人们目之所及呢,看到的都是艳丽的色彩。今年春晚我们要邀请大家一同欣赏中华传统文化中的赤橙黄绿青蓝紫。

马 凡 舒: 我们的祖先从自然万物天地四时中发现了色彩。比如说,我们从秋日成熟的朱柿中发现吉庆的红;从雨过天青云破处,采得清雅的蓝;

王 嘉 宁: 我们望向群山的剪影,采得远山如黛;我们等候清晨的天光,寻得东方既白。今夜让我们共同寻觅那如诗如画的中国色彩,描摹那斑斓绮丽的——

王嘉宁、龙洋、马凡舒: 满庭芳华。

尼格买提: 谢谢。总台春晚和美好礼独家合作伙伴五粮液,邀您进入第三轮抽奖,马上下载并打开央视频App进入春晚互动页面,您就有机会获得五粮液集团提供的第八代五粮液。

龙　　洋: 团圆夜看总台春晚,品和美五粮。本轮还有总台文创和千万张央视频会员卡已装满礼盒,赶快下载并打开央视频App来参与吧。领航关键核心技术,树立高端民族汽车品牌,红旗新能源汽车恭祝全球华人新春快乐,与美妙同行,与美好相伴。

尼格买提: 朋友们,中国航天事业战略合作伙伴梦之蓝恭祝全球华人新春快乐,作为春晚舞台上的重头戏,接下来我们要在传承千年的戏曲当中继续感受传统文化给我们带来的震撼和感动。

龙　　洋: 来自不同剧种的艺术家们即将盛装登场,带领我们一同走进那春风拂面的《华彩梨园》!

撒 贝 宁: 好!太精彩了,太震撼了!再次把掌声送给台上所有的演员,谢谢!瞧把我们的兔圆圆给激动的。哎,给大家介绍一下,我的新搭档:春晚吉祥物兔圆圆!那什么你嫌我矮啊?网友都说我穿高跟鞋了,你还嫌我矮呀?什么意思?戴上?吓我一跳,不是身高不配,它是嫌我跟它不是一类。我就奇怪了,每年春晚那么多主持人,为什么都是我戴帽子?去年虎头帽,今年兔头帽,狗年我怎么办?怎么样,这下你满意了吧?来来来,赶紧介绍一下,下一个节目的嘉宾,兔圆圆不能说话,但是它可以比画,大家猜一猜好不好?来做个动作,一个字,什么?"疼!"谁呀?就是他,每年到了春晚,他都有新花样,之前是当官走过场,去年是欠债不还钱，今年我听说他又给自己在挖坑儿。到底怎么回事？掌声有请！

王 嘉 宁：谢谢，谢谢各位。再难，这坑填上才算圆满呢。在今天这样一个阖家团圆的夜晚，我们也想送给所有的妈妈和女儿一首歌。我记得我妈妈就跟我说：哎呀，真想回到你小时候。我问为什么？她说因为小时候你需要我。我们想借接下来这首歌告诉全天下所有的妈妈，希望有一天，我们的双手也能为您遮遮风，挡着雨，成为您的女儿是我这一生最大的运气。请听《是妈妈是女儿》。

马 凡 舒：谢谢，谢谢两位深情的演唱。我想这世间最动人的就是父母与子女的这份感情。

撒 贝 宁：温暖和感动一定会有，但我告诉你，跟孩子在一块儿，很多时候那也是斗智斗勇，鸡飞狗跳。我曾经幻想，我们家的孩子会是神童，但我现在接受现实了，他们只是神兽。

马 凡 舒：神兽啊，不光您家有，很多家都有。您看咱现场今天也来了很多小神兽，我觉得神兽这个词儿其实特别贴切，形容他们精力旺盛、调皮捣蛋、战斗力爆棚。

撒 贝 宁：但你仔细琢磨，这背后也有家长的一份祝福，希望孩子未来能像麒麟一样驰骋天地，像凤凰一样遨游九州。

马 凡 舒：那您说，如果有一天，家里的这些小神兽们遇到真正的神兽会怎样啊？

撒 贝 宁：那一定就是我们接下来将要看到的大场面。

马 凡 舒：谢谢！谢谢可爱的孩子们，你们都是祖国的未来，充满朝气，孕育希望。今天的中国，是梦想接连实现的中国，是充满生机活力的中国，是赓续民族精神的中国，是紧密联系世界的中国！

任 鲁 豫：明天的中国，奋斗创造奇迹，力量源自团结，希望寄予青年。我们要以奋斗的姿态激扬青春，不负时代、不负华年。中国青年挺膺担当，振臂呼唤——

任鲁豫、马凡舒：《未来我来》！

龙　　洋：谢谢！太燃，太振奋了！所谓“少年负壮气，奋烈自有时”，在过去的这一年里，有无数的中国青年在使命面前勇于担当，敢为人先。

撒 贝 宁：是啊，过去的这一年，北京冬奥会、冬残奥会成功举办。冰雪健儿驰骋赛场，勇攀高峰。中国女篮征战海外，创造了28年以来的最佳战绩。

龙　　洋：此处应该有掌声啊！谢谢大家！

撒 贝 宁：所有这一切都让我们相信，中国人百折不挠，永远有重回巅峰的信心和能力。

龙　　洋：接下来呢，就让我们一同进入今天春晚的终极福利大奖环节。总台春晚和美好礼独家合作伙伴五粮液邀您立即下载并打开央视频App，点击进入春晚互动页面。

撒 贝 宁：大国浓香，和美五粮。本轮经典五粮液奖品总价值高达3000万元，更有五粮液兔年春晚联名款和兔圆圆联名款即将上市。与此同时，还有总台文创和千万张央视频会员卡在等待各位。

龙　　洋：春晚精彩继续，接下来请欣赏小品《上热搜了》。

任 鲁 豫: 朋友们,还记得吗?三年前在这个舞台上,我们一起向医护人员表达感谢,为湖北武汉加油。今天,当我们又站在这里看着台下一张又一张灿烂的笑脸的时候,我们无比感动,中国人用坚强、善良、团结携手走过这场漫长而又艰巨的斗争。

尼格买提: 疫情让我们付出了很多,也失去了很多,而生活不就是关关难过关关过,事事难成事事成吗?命运给我们挑战,我们就迎难而上,就像诗人所说,一切好东西都永远存在,它们只是像冰一样凝结,而有一天会像花儿一样重开,要相信:

任鲁豫、尼格买提:《马上就会好的》!

马 凡 舒: 谢谢,谢谢各位暖心的演绎。接下来,我们想邀请大家欣赏一段特别的舞蹈,它的灵感来自20世纪中国考古学最伟大的发现之一:"五星出东方利中国"护锦膊。它工艺精湛,旷世绝伦,代表着汉代织锦工艺的最高水平。舞者置身于五色交错、精美交织的汉代织机当中,将日月星辰藏于翻飞的衣袖,舞出巍巍大汉,织出锦绣江山!

尼格买提: "五星出东方利中国"护锦膊见证的是丝绸之路曾经的繁荣,而今年已经是"一带一路"倡议提出的第10个年头了,共建"一带一路"已经成为深受欢迎的国际公共产品和国际合作平台。

王 嘉 宁: 随着"一带一路"合作画卷的徐徐铺展,六廊六路多国多港的蓝图渐渐清晰。一班班货运专列驰骋在国际贸易的最前沿,一条条跨国经济走廊交织成融通万里的光明之路。

尼格买提: 历史上的丝绸之路,丝霞万匹,花光满路,新时代的"一带一路"交流互鉴,歌声盈途。那接下来就让我们邀请"一带一路"沿线的各国艺术家们,一起唱响:

尼格买提、王嘉宁:《一带繁花一路歌》。

撒 贝 宁: 太燃了!太震撼了!好听吗!?再次把掌声送给台上所有的演员,谢谢你们!也把这首歌,送给每一个有着浓浓思乡之情的人,送给这辽阔土地上每一个深爱自己家乡的人。亲爱的观众朋友们,今年春晚现场我们也请到了几位特别的嘉宾,来和我们共度佳节。接下来我们将一一为大家介绍,他们是:"八一勋章"获得者、时代楷模、中国人民解放军航天员群体代表聂海胜,欢迎您;时代楷模代表钱海军,欢迎您;最美奋斗者代表裴春亮,欢迎您;最美新时代革命军人代表余海龙,欢迎您;最美铁路人代表单杏花,欢迎您;最美应急管理工作者代表蔡瑞,欢迎您。

龙 洋: 同时受邀来到春晚现场的还有全国道德模范代表,请允许我一一为大家介绍。我们首先欢迎全国助人为乐模范完德尖措,欢迎您;全国见义勇为模范崔译文,欢迎您;全国敬业奉献模范周宪梁,欢迎您;全国孝老爱亲模范张志旺,欢迎您。同时啊,我们还邀请到了全国抗击新冠肺炎疫情先进个人姜利,欢迎您；全国优秀农民工刘阔，欢迎您。

撒 贝 宁： 再次用掌声欢迎各位的到来。精神的力量是无穷的，今天这么多榜样在这，我们有请其中的几位代表大家，给全国观众拜个年吧！

聂 海 胜： 我是聂海胜。祝大家新春快乐！

完德尖措： 大家好，完德尖措祝大家阖家幸福。

龙　　洋： 谢谢。

余 海 龙： 大家好，我是余海龙。祝大家事业进步。

姜　　利： 大家好，我是姜利。祝大家岁岁平安。

龙　　洋： 谢谢您，谢谢，给各位拜年啦！

撒 贝 宁： 谢谢各位，请坐。谢谢他们如同一缕缕温暖的阳光，不啻微芒，造炬成阳。在同心共筑中国梦的伟大征途中，留下自己闪亮的足迹，让我们相信追光的人，终将光芒万丈！

王 嘉 宁： 谢谢！谢谢各位。过去的一年我们每个人都不容易，我们的国家也面对了很多的不容易。这一年让我们对生活、生命、家人、朋友、健康都有了更多的理解。而接下来这首歌，写给平凡日子中的礼物、写给艰难岁月里的希望、写给生命中那些依然值得我们期待的一切美好。这首歌给你、给我、给每一个人。因为这是一首《给所有朋友们的歌》。

龙　　洋： 谢谢，谢谢两位的深情演唱。歌声是那样充满温情又充满力量。山水林田湖草沙，滋养着56个民族，56个民族就像石榴籽一样紧紧抱在一起，孕育出你中有我、我中有你的团结奋进之花。这鲜花盛开的地方，就是我们幅员辽阔、和谐丰饶的美丽家园。

尼格买提： 谢谢，谢谢。我们的家园真的是风景如画，永远让人深深依恋呐。亲爱的观众朋友们，过去的一年，我们隆重庆祝党的二十大胜利召开，开启了奋进第二个百年奋斗目标的序章。

马 凡 舒： 大道至简，实干为要。新征程是充满光荣和梦想的远征，没有捷径，唯有实干。路虽远，行则将至；事虽难，做则必成！

尼格买提： 蓝图已经绘就，号角已经吹响。亲爱的朋友们，让我们一起出发，推动中华民族伟大复兴号巨轮乘风破浪，扬帆远征！

任 鲁 豫： 伴随着热情澎湃的歌声，沐浴着繁花似锦的春光。我们要和这极不平凡的一年说声再见了。

龙　　洋： 借今夜的花团锦簇，满庭芳华，我想送大家一朵迎春花，迎得春来非自足，百花千卉共芬芳。

尼格买提： 我想送大家一朵稻花，一条大河波浪宽，风吹稻花香两岸。希望新的一年风调雨顺，我们的祖国物阜民丰！

马 凡 舒： 那我就送大家一朵代表孝心的萱草花，父爱如山伞身后，母爱如水绕心头。愿全天下的父亲母亲身体健康，快乐无忧。

撒贝宁： 我想送给大家一朵忍冬花，坚忍不拔，凛冬不败。正如我们民族性格的写照，伟大的中国人定能绽放在寒冬中，相遇在春天里！

王嘉宁： 我想送大家每人一朵大红花！感谢每个中国人在过去一年所有的努力和付出，我们每个人都是自己的英雄、时代的英雄！

任鲁豫： 时间的脚步是越来越近了，迎接我们的是一个更加充满希望的春天。

龙　洋： 让我们说声你好，给面对风雨依然勇敢的自己；

尼格买提： 说声你好，给走过冬天依旧滚烫的内心；

马凡舒： 说声你好，给永远值得期待的广袤的世界；

撒贝宁： 说声你好，给永远值得奔赴的璀璨的理想；

王嘉宁： 说声你好，给永远值得相信的崭新的明天！

任鲁豫： 一元复始，万象更新。此时此刻，我们又一次站在了春天的大门前，不辜负岁月的人，时光自有馈赠。在这辞旧迎新的时刻，让我们深深地祝福，祝福我们的亲人幸福平安，岁岁年年！我们还要祝福我们亲爱的祖国繁荣昌盛，福祉绵延！零点的钟声马上就要敲响，我们还要祝福我们自己，在新的一年里大展宏图，皆得所愿！春天的脚步声已经慢慢地走到我们每一个人的身边，倒计时：

合： 十、九、八、七、六、五、四、三、二、一！过年好！拜年啦，拜年啦！新春快乐！

王嘉宁： 谢谢！过去的一年，我们的生活有挑战，也有收获，2022年我国粮食生产实现“十九连丰”。无论面对怎样的风雨，中国人的饭碗始终牢牢端在自己的手中。看我们的田野上，有千家耕种，万物生长；有千重麦浪，万里风光。

马凡舒： 谢谢。中华民族从古至今一直有着积极乐观的精神，每逢行路艰难时，我们总会鼓励彼此，长风破浪会有时，直挂云帆济沧海。冬天即将过去，让我们许下一个梦，静静期待春天的到来，相信梦在春天，定能如愿！

任鲁豫： 亲爱的朋友们，难忘今宵，我们相约在星空下；

龙　洋： 亲爱的朋友们，告别今宵，我们团聚在春天里。

尼格买提： 这里有五千年的梦，闪闪发光，灼灼盛放；

马凡舒： 这是我们五千年的家，绵绵不绝，生生不息。

撒贝宁： 冬去春来，新年的花一定会开，这是春天的承诺。

王嘉宁： 就让我们满怀信心地迎接癸卯兔年的第一缕春光。

任鲁豫： 新的一年让我们更加紧密地团结在以习近平同志为核心的党中央周围，踔厉奋发，勇毅前行！为全面建设社会主义现代化国家，为全面推进中华民族伟大复兴而团结奋斗。神州遍开幸福花。

合： 豪情满怀再出发！

任鲁豫： 亲爱的朋友们，中央广播电视总台2023年的春节联欢晚会到这里就全部结束了。再次祝福大家新春快乐，明年的春晚

合: 再见!

训练提示: 主持综艺晚会时，主持人应提高声音，放慢语速，使用大气而庄重的语气；互动环节，可适当幽默。注意把控自己的语气、节奏以及与其他主持人的配合。

任务3 即兴评述

例稿5.60

影院分区售票引争议

近期，全国多地电影院开始实行分区售票，不同区域的座位价格相差不小，引发社会广泛讨论。据报道，上海不少影院都划分出不同观影区，有的场次甚至出现了三种票价，以徐汇区某影院为例，特惠价49.9元，普通票价为57.9元，“C位”票价为63.9元，差价最高达14元。过去，演唱会、音乐会等普遍采取“分区票价”，根据座位远近和观看效果施行差异化定价。如今，许多影院也纷纷推出观影“分区票价”，将席位分为黄金观影区和非黄金观影区。数据显示，截至2023年10月11日，全国11，722家影院中，推行分区票价的有2068家，占比近两成。

训练提示: 针对以上事件，进行2—3分钟的即兴评述。重点分析如何监管影院分区售票，如何保证分区售票的价格合理。

例稿5.61

政务大厅工作时长引争议

11月13日，有网友在社交平台上发文称，黑龙江哈尔滨五常市政务大厅工作时间为6个小时，且午休时间大门紧锁，禁止办事群众入内。该网友认为，这种做法严重影响了群众办事的便利性。对此，五常市融媒体中心发布情况说明称，该政务大厅的工作时间为每天上午8:30至11:30，下午1:30至4:30，周末及节假日休息。该政务大厅作为服务群众的场所，在每天对外接待时间内，均按照规定时间开放和关闭大厅大门。

训练提示: 针对以上事件，进行2—3分钟的即兴评述。重点评述政务中心的上班时间是否合理，是否欠缺服务意识。

例稿5.62

街头跪地救人的姑娘被找到了

近日，一段成都街头热心群众救助发病患者的暖心视频在网络上收获一片点赞。11月3日晚9时许，成都市武侯区高升桥附近一名中年男性突发疾病，倒地不醒，两位身着藏族服装的姑娘挺身而出，跪在地上实施紧急救助。经过半个小时的持续努力，患者终于恢复了心跳，当救护车赶到现场后，两位姑娘才站起身来揉了揉发酸的膝盖，悄悄离开了现场。3天后，“在成都街头跪地救人的女子”被找到了。她们是来自甘孜州巴塘县的向秋曲珍和向秋翁姆，两人都是医护专业的在校生，目前正在四川卫生康复职业学院实习。事发当晚，她们正在附近的广场跳锅庄舞。听见有人求救，就果断上前。两位姑娘都是“00后”，分别出生于巴塘县苏哇龙乡、竹巴龙乡的普通家庭，家中均有身体残疾常年患病的亲人。相似的经历让她们在初中毕业后都选择学习医护专业，虽在不同的中职学校求学，但实习期进入了同一医院。此后，她们成了生活上的密友和学习上的伙伴。实习阶段，她们曾在心内科所有老师面前演示过心肺复苏的整个操作流程。学校里基础护理课程和心肺复苏操作练习为她们临床实践打下了良好的基础。“通过这次紧急救人，我们更加感受到了医学生的责任和担当，也坚定了自己的目标和方向。” 谈及毕业后的打算，向秋曲珍和向秋翁姆坚定地说：“夯实医学基础、熟练临床技能操作，回报生养我们的家乡。”

训练提示：根据新闻事件进行评述，要求观点鲜明、叙事清楚、表达准确。这种救人于危难、积极帮助他人的义举值得歌颂和赞扬。

即兴评述题目精选

第一部分　品德·素质

1. 生活富裕了是否还需要节俭
2. 谈谈雷锋精神
3. 自然就是美
4. 公民素质与社会道德
5. 身体健康与心理健康
6. 如何理解“压力就是动力”
7. 时间能改变一切
8. 律人不如律己
9. 甘当绿叶

10. 细节决定成败

11. 谈谈你对诚信的看法

12. 勿以恶小而为之，勿以善小而不为

13. 当机遇来临时，你是否有能力把握

14. 如何理解“世界上最美丽的语言是微笑”

15. 如何理解“态度决定一切”

第二部分　时事·政治

1. 如何深刻领悟党的二十大“两个确立”的决定性意义

2. 为什么说中国特色社会主义事业一定能成功

3. 如何深刻认识改革开放的重大意义

4. 如何理解“中国梦”

5. 如何理解“一带一路”

6. 如何看待“马英九回乡祭祖”

7. 怎样加快推进以改善民生为重点的社会主义建设

8. 由“转变经济增长方式”变为“转变经济发展方式”的意义是什么

9. 为什么说中国特色社会主义伟大旗帜是当代中国发展进步的旗帜、是全党全国各族人民团结奋斗的旗帜

10. 谈谈中国为什么被称为“基建狂魔”

11. 谈谈中欧铁路开通的意义

12. 如何坚持原则与发扬民主

13. “互联网+”带给中国的是什么

14. 谈谈什么是“以人民为中心”

15. 你认为道德与法治哪个更重要

第三部分　人生感悟

1. 幸福是什么

2. 谈谈你对成人与成才的看法

3. 你怎样看待时间与生命

4. 谈谈你对自信与自负的理解

5. 谈谈你对网恋的看法

6. 谈谈你对啃老的看法

7. 谈谈你对代沟的看法

8. 如何理解“大爱无言”

9. 如何理解“慈母手中线，游子身上衣”

10. 年轻人应该“卷”还是“躺平”

第四部分　名言解读

1. 撸起袖子加油干,一张蓝图绘到底
2. 宝剑锋从磨砺出,梅花香自苦寒来
3. 罪恶衍生罪恶,谎言创造谎言
4. 开卷有益
5. 酒香不怕巷子深
6. 没有规矩不成方圆
7. 少年强则中国强
8. 知识改变命运

第五部分　文艺·体育

1. 谈谈你对名人做广告的看法
2. 谈谈你对体育公平的看法
3. 谈谈你对春晚的看法
4. 谈谈你对中国足球的看法
5. 谈谈你对“科技奥运”的理解
6. 谈谈你对“人文奥运”的理解
7. 谈谈你对“经典”的理解
8. 谈谈你最喜欢的一场竞技体育比赛

第六部分　校园一瞥

1. 你怎样看待中国的高考机制
2. 谈谈应试教育和素质教育
3. 你认为小学是否应该分好班和差班
4. 如何看待中学生出国热现象
5. 你认为当今大学生是应该先“就业”还是先“择业”
6. 谈谈你对“高考移民”现象的看法
7. 谈谈大学生“考公热”

第七部分　我们的地球

1. 共享单车带给你的启示
2. 你怎样看待禽流感
3. 我们应该为环境保护事业做些什么

4. 谈谈你喜欢的季节和天气
5. 谈谈你向往的地方
6. 谈谈家乡最让你骄傲的地方
7. 你认为环保主要是观念问题还是技术问题
8. 请谈谈转基因食品
9. 如何看待极端天气出现得越来越频繁

第八部分　影视与广告

1. 请你评析中央电视台节目《中国诗词大会》
2. 谈谈电视节目的娱乐化倾向
3. 谈谈电视广告的可信度
4. 你怎样看待虚假新闻
5. 你喜欢《感动中国》这档节目吗？为什么？
6. 假如我是春晚导演
7. 谈谈你最喜欢的一句影视流行语
8. 谈谈你最喜欢的一部影视作品

第九部分　播音·主持

1. 你如何理解播音员主持人的个性魅力
2. 谈话类节目主持人必须具备的素质是什么
3. 娱乐节目主持人是否需要“娱乐底线”
4. 现在很多演员、歌手开始转行做网络主播，对此你有什么看法
5. 谈谈播音员主持人的文化底蕴、专业水平、人格魅力三者之间的关系
6. 你认为内地/大陆与港台主持人有哪些不同
7. 报考专业时，爱好与前景哪个重要
8. 谈一谈对“网红”的看法
9. 请以“分享”为题，模拟主持一期节目
10. 请以“面对失败”为题，模拟主持一期节目
11. 请以“读书与学习”为题，模拟主持一期节目
12. 请以“感谢对手”为题，模拟主持一期节目
13. 请以“隔阂”为题，模拟主持一期节目
14. 请以“外面的世界”为题，模拟主持一期节目
15. 请以“腾飞的中国”为题，模拟主持一期节目
16. 如果让你主持一档你不喜欢的节目，你会怎么办？

终结考核评价表

<table>
<tr><td rowspan="5">终结考核评价</td><td colspan="2">考核内容</td><td>考核方式</td><td>评分标准</td><td>考点</td><td>标准分值</td></tr>
<tr><td rowspan="3">专业知识与技能</td><td>(一)理论知识考核
考核重点:每节课思考测验内容(附笔试题试卷)</td><td>笔试</td><td>1. 理解透彻;
2. 答题准确;
3. 要点到位;
4. 卷面整洁。</td><td>4</td><td>20</td></tr>
<tr><td>(二)有稿播音考核
考核重点:
1. 自备一档(视频或音频)播音作品朗诵(演播);
2. 作品(节目)采、编、播均应独立完成,制作可与团队合作完成;
3. 时长不超过8分钟。</td><td>经典诵读、作品演播</td><td>(一)语音面貌
1. 吐字清晰,语音标准、规范;
2. 音色圆润、状态自如。
(二)作品(节目)朗诵
1. 作品理解准确,基调正确,主题鲜明;
2. 朗诵(演播)语体恰当、叙事清晰、新鲜感强;
3. 表达状态积极,对象感强、交流亲切自如;
4. 停连、重音、语气、节奏表达技巧运用得当。
(三)作品采编
1. 策划精细、导向正确;
2. 有较强的时代感、赏析性;
3. 编排合理,节目完整,声画结合,制作精良;
4. 节目有一定创意。</td><td>10</td><td>40</td></tr>
<tr><td>(三)无稿表达考核
考核重点:
1. 即兴答题
(1)现场抽题;
(2)限时3分钟;
2. 即兴评述
(1)现场抽题看片,对某一新闻事件进行即兴评述;
(2)限时3分钟。</td><td>即兴口语测评成果展示</td><td>1. 导向正确;
2. 态度鲜明;
3. 有思想性;
4. 语言规范;
5. 思路清晰,逻辑性强;
6. 内容充实,言之有物;
7. 反应敏捷,表达流畅;
8. 交流感强;
9. 形象端庄、大方;
10. 仪态仪表得体,符合职业规范。</td><td>10</td><td>30</td></tr>
<tr><td>过程与方法、情感与态度</td><td>1. 联系实际,写一份《本学期个人学习、工作述职报告》(1000字左右);
2. 在学习小组公开述职。</td><td>学习小组现场测评</td><td>联系实际,写一份《本学期个人学习、工作述职报告》,主要内容:
1. 有无自觉培养岗位职业道德、关注社会的良好意识;
2. 有无较强的自我管理与约束能力,能否自觉遵守学习、工作纪律,出勤率如何;
3. 能否及时完成本学期各项学习、工作任务;
4. 有无强化文化知识自学,专业拓展能力训练的行动;
5. 有无解决学习与实际工作中遇到问题的能力;
6. 能否自觉培养吃苦耐劳、坚韧不拔的工作作风;
7. 能否处理好与团队成员的关系;
8. 能否与团队成员团结协作,共同完成工作任务;
9. 有无较强的社会责任感;
10. 有无自觉培养感恩社会与他人的情感意识与言行。</td><td>10</td><td>10</td></tr>
<tr><td colspan="6">评分标准:优90—100分,良80—89分,及格60—79分。
总分:自我评分(20%)+小组评分(30%)+教师评分(50%)</td><td></td></tr>
<tr><td>改进建议</td><td colspan="5"></td><td></td></tr>
</table>

主要参考书目

1.张颂. 播音创作基础[M]. 4版. 北京: 中国传媒大学出版社, 2022.

2.白龙. 播音员、主持人训练手册语言表达技巧[M]. 北京: 北京广播学院出版社, 2002.

3.赵俐, 李昕. 实用口语表达与播音主持[M]. 北京: 中国传媒大学出版社, 2009.

4.张颂. 中国播音学[M]. 北京: 北京广播学院出版社, 2003.

5.张颂. 朗读学[M]. 4版. 北京: 中国传媒大学出版社, 2022.

6.李新宇. 播音创作基础训练教程[M]. 2版. 北京: 中国传媒大学出版社, 2014.

7.付程. 实用播音教程: 第二册　语言表达[M]. 北京: 中国传媒大学出版社, 1999.

8.李凌. 黄林非. 高职院校主持与播音专业人才培养模式研究与实践[M]. 长沙: 湖南科技出版社, 2016.

9.曾致. 朗诵艺术指要[M]. 2版. 北京: 中国传媒大学出版社, 2013.

10.曾致, 刘剑. 播音主持基本功训练掌中宝: 寓言·童话[M]. 北京: 中国传媒大学出版社, 2023.